U0085683

書山有路勤為徑
學海無崖苦作舟

文經閣

書山有路勤為徑

學海無崖苦作舟

文經閣

碧巖錄中的100大智慧

圜悟克勤禪師 原著
于心音 編譯

禪宗是我國佛教的中流砥柱

《碧巖錄》歷來被稱為助參公案的「禪門第一書」。教內外有識之士，研討佛教、佛學，不能不研討禪宗、禪學；研討禪宗、禪學，不能不研討禪宗公案；研討禪宗公案，不能不參究《碧巖錄》。

前言

世人常言：境由心生。

心是佛陀智慧的出發點。

無數書寫經卷的文字並不能將佛陀所要表達的真意全部涵蓋，而只有心與心的契合才能達到理想的彼岸。

此時，若能蕩滌積聚已久的私心雜念，放下對於世間表象的糾纏，一片澄明清澈的淨土就將展現在眾人眼前，而我們也將發現埋藏其間的寶藏，找到點石成金的金手指，完成自我的修持。

天堂地獄的差別只在一念之間。我們才是自己最大的貴人。只有尋回自己的本心，洞見自己本來的心性，澄明的淨土才能出現在心間，我們也才能為自己撐起一片廣闊的天空。而在這一過程中，《碧巖錄》當是我們不可或缺的幫手。

《碧巖錄》有「禪門第一書」的美譽，成書於宋徽宗政和年間。它是以雪竇禪師精選的一百則佛家公案作為底本，由當時的佛家名宿圜悟禪師加以點評而成。「洞山三斤」、「鏡清啐啄」

等發人深省的公案皆在其間。更加難能可貴的是《碧巖錄》運用垂示、本則、頌古、著語、評唱等結合的形式將公案故事講解得通俗易懂，能夠更好地幫助研習者蕩滌心中雜念，啟悟潛藏已久的智慧。這對於參禪悟道與明心見性極具啟發的功用。因此，《碧巖錄》便成為深受天下禪林推崇和珍愛的必讀書目，尤其是新進的禪林弟子更是對其推崇備至，早晚習頌，並稱之為「霧海之南針，夜途之北斗」。

又因《碧巖錄》對於明心見性極具啟發之功，所以《碧巖錄》同樣可以幫助禪林之外渴望明心見性、解除心中苦惱的人們。而若說到對俗世眾生最大的幫助，莫過於助他們找到埋藏自己心中的寶藏了。

有一次，雪峰禪師去參訪岩頭禪師。岩頭知道雪峰是從鹽官禪師那裡來的，便問他禪師講了什麼話。雪峰就講：「空即是色，色即是空；空不異色，色不異空，色空不二。」

聽完這句話，岩頭說道：「今後三十年，你再也不要提這句話了。」

雪峰接下來又舉了一個他參訪洞山禪師時得到的過水頌。

岩頭聽了之後，對雪峰說：「如果像你講的這樣，那你是沒有辦法自救的了。」

後來，雪峰又舉了自己參訪德山禪師時候的事情。

聽完之後，岩頭大喝一聲：「你難道不知道，如果佛法是經由別人指引而瞭解的，就並不是自家的珍寶嗎？」

雪峰為難地說：「你這樣講，我以後應該怎麼做才好呢？」

岩頭回答：「你要想弘揚佛法，必須每一句話，每一件事都要從自性中流露出來，彌天蓋地。」

雪峰聽了之後豁然開悟，連忙向岩頭禮拜，說道：「我今天才在鼇山成道！」

岩頭口中的「自性」就是我們自身的本性。在岩頭看來，由別人指引而沒有經過自性的體悟就不能算作自己內心的珍寶。這與俗世中「沒有將學來的知識消化吸收就不等於學會」有著異曲同工之妙。

由此不難看出，《碧巖錄》不僅是佛家子弟參禪悟道的經典，更對現世生活有著非常實際的指導效用。而這正是渴望明心見性、解除內心苦惱的人們所急需的。它將會以通俗的公案故事和精闢的禪理感悟幫助我們尋回真實的自我，點亮智慧的人生。

目 contents 錄

目 contents 錄

目 contents 錄

第十三章 入世心耕耘，出世心收穫——佛說隨緣

第十四章 常懷一顆歡喜之心——佛說樂生

第一章　順著本性去生活——佛說本心

【頌】了卻一，拈得七，上下四維無等匹。徐行踏斷流水聲，縱觀寫出飛禽跡。

【評】由一知道七，並不是簡單的舉一反三。不要輕易地從自己的意識中得出虛妄的解釋。回歸自己的本心才是求取真諦的不二法門。

人生中有三個重要的時間節點：過去、現在和未來。我們為過去惋惜，為將來擔憂，為現在焦慮，卻很少認真地想過如何真正地去生活。我們在塵世間起伏輾轉，卻很少有快樂和幸福的體驗。於是，我們開始質疑圓滿的生活是否有實現的那一天。答案是「有！」只要我們回到自己的本心，按照本性去生活，幸福和自在就會來到身邊，與我們長久相伴。

人生本多憾，順乎本心才是真

面對未來，很多人都是理想主義者，不論多少前輩用自己的經歷證明了現實的多變，與命運的不可預測，他們依然相信自己的未來一片光明，相信事業和財富都在迫不及待地向自己招手。

於是很多渴望成功的人們滿懷信心地為自己制定了這樣的時間表：25歲月薪3萬，28歲買一輛自己喜歡的車，32歲之前開始買房繳房貸，35歲晉升為經理，40歲成為一家大型企業的CEO，50歲光榮退休，環遊世界……可實際上，能夠將這張時間表變成現實的人卻是寥寥無幾。生活中的我們大多數還是普普通通的小人物，沒有豪宅名車，也沒有顯赫的地位，終日辛苦工作也只能勉強做到養家餬口。如何才能消除理想和現實之間的巨大差距，達到人生的圓滿呢？這個問題令人們傷透了腦筋。

佛家六祖慧能禪師曾經講過：「直指人心，見性成佛。」人生的圓滿不在於理想的美好，也不在於對經典的熟知，而在於自我心中的徹悟。理想描繪的圖景固然美好，可是如果常懷憂懼之心，美好的理想就會如煙花一般在瞬間就會耗盡全部的生命。經典闡述的道理固然精妙，可是如果迷失了本真之心，精妙的經典就會如曇花一現喪失了延續的活力。世界由心而生。本心是一切行動的出發點。當所做的事情符合自己的天性，並且不違背自我的意願時，我們便是按照自己的本心在做事。

人生本來就有許多遺憾，成敗得失都只是世間萬象中的一種。放下對於世事表象的沉迷，凡事從本心出發，我們便可以不斷獲得希望、快樂與愛的力量，並最終實現自己的理想。對此，佛學大家欽山禪師有著非常深入的見解。

有一次，巨良禪師向欽山禪師請教：「如果一個參禪的人一開悟就達到了一鏃（鏃ㄗㄨˊ）破三關的高度，這是怎樣一種情形呢？」

欽山禪師回答說：「放出『關中主』來看看。」

巨良禪師說：「既然如此，那麼意識到自己做過了就要誠心修正。」

欽山禪師說：「還要等到什麼時候？」

巨良禪師回答：「好箭找不到安放的地方呀。」他一邊回答一邊出了門。

這時，欽山禪師叫住他：「你回來。」

巨良禪師一回頭，欽山禪師就一把揪住了巨良禪師，說：「先不要提一鏃破三關的事情，你先向我射箭來看看。」

巨良禪師感到措手不及，想要揣摩推敲之後再回答。這時，只見欽山禪師拿起棒子打了巨良禪師七下，然後對他說：「讓你再接著迷惑三十年。」

古時將箭稱為鏃，一鏃破三關從字面上來看，就是用一支箭射破了三道關口，比喻不經任何階段就直接參透了事物的本來面目。在這則公案中，巨良禪師一直在為悟道之後找不到安放的地方而憂心，卻沒有掌握問題的關鍵。而欽山禪師卻是每次都命中關鍵，先是「放出『關中主』來看看」（「關中主」就是靶心，關鍵處之意），再是「先放下一箭破三關不提，你先向我射箭來看看。」在欽山禪師看來，即使能提出再犀利的問題，若是不能順乎本心，坦然接受心中的得失，也不能真正的悟道。

生活也是一種悟道。一個人唯有順乎本心才能在困難和挫折面前不自亂陣腳；唯有順乎本心才能順利度過難關，不為表象所擾；唯有順乎本心才能無所憾愧，走出自己心中的圓滿人生。

【蓮心慧語】

星雲大師說：「許多人之所以不能自知，是因為他們不懂得『同體共生』的道理。他們不瞭解心境一如，不能做到心境合一，因此心容易被外界的情景所扭轉，容易被外物奴役。」所以，放下心中的是非得失，我們才能做到順從自己的本心，才能與快樂時刻相遇。

遠離褊狹孤高，心淨福自來

杜甫的名篇《望嶽》中有這樣兩句詩：「會當凌絕頂，一覽眾山小。」從古至今，很多人為了達到這一境界而不懈地努力。遺憾的是成功者寥寥。更有一些求之不得的人們在失敗之後，終日唉聲歎氣，意氣全無，變得孤高褊狹。歸根結底，這一切不過是因為他們對這份境界過分熱愛了。

佛說，因愛故生憂，因愛故生怖，若離於愛者，無憂也無怖。人們的一切畏懼，一切憂愁，都是源於愛，因為愛是一種欲望。你想要成為強者，又怕不能成功；沒有成為強者，又怕在眾人面前失了面子。所以，當夢想成為一種過度的愛的訴求時，擔憂和恐懼就產生了，虛榮心就會發揮效力，執著於夢想卻沒能實現的人就會失去自己的一片真心，掉進褊狹孤高的陷阱。只有心中時刻保有一片淨土，褊狹孤高才會遠離我們，夢想的大門才會為我們敞開。失去了心中的淨土，即使是馬祖道一那樣的佛學大家也不能全身而退。

有一天，馬祖道一禪師突然感覺到心裡很不舒服。這樣做也覺得不對，那樣做也覺得不對。接連換了好幾種做法，馬祖禪師心中的不適感都沒有得到任何程度上的緩解。寺院的院主見此情形就問他：「和尚，你最近修煉得怎麼樣了？火候如何？」馬祖禪師回答說：「有時日面佛，有時月面佛。」

從表面上看，面對院主的關心，馬祖禪師的回答好像答非所問。其實，馬祖禪師的回答是非常有深意的。「有時日面佛，有時月面佛」是佛家有名的偈語，意思是白天也是佛，晚上也是佛，白天和晚上都一樣。心中安適是如此，心中不安適也是如此，安適與不安適都一樣。天然本性是人們的至寶，不過有時心中的感覺會蒙蔽自己的天然本性。只要不為心中的感覺所迷，自然就可以得到深刻的見解。

古人有言，要想得到正確的答案，就不要隨便地發問，因為答案就包含在問題當中。正視自己是遠離孤高褊狹的心境、尋回心中淨土的最佳選擇。當回到此種心境初生的情景時，我們便可發現自我本心遺失的真相，夢想也便有了嶄新的起點。

幸福總是令人心生嚮往。每個人都時常會在腦海中描繪自己幸福的模樣。可是，當心中的淨土失去之後，快樂開始變得行蹤不定，痛苦和誤解卻常伴身邊，就是我們自己也無力跨過那堵無形的心牆。幸運的是，這一切都發生在想像當中。當對世事玩世不恭的烏雲散去，我們的心才會再次沐浴清淨平和的春風。心靜福自來便是這個道理。

其實，幸福從來都沒有真正走遠，它既不是遠在天邊，也不是在難以接近的對岸，而是在自己的心底。當孤高褊狹不再成為天然本性的障礙時，幸福就會在第一時刻到來。

【蓮心慧語】

白兆圭禪師曾說過：「譬如空中飛鳥，不知空是家鄉；水中游魚，忘卻水是生命。」鳥兒在空中飛翔，本身就在天空中，並沒有意識到天空是自己的故鄉。魚兒在水中游，水對牠來說非常重要，可牠並沒有因為水的重要而憂心忡忡。如果我們能夠擁有鳥兒和魚兒這樣的本心，遠離孤高褊狹的陷阱，生活就會充滿歡笑。

滅卻無明火，寒暑皆天然

人的一生常常是由無數種追求來書寫的。有人追求真理，有人追求金錢，有人追求愛情，有人追求地位。確定追求的目標之後，人們往往會投入自己的全副精力。自然，勤奮的努力會帶來豐厚的回報。奇怪的是，若是仔細觀察，我們就會發現得到的東西並非全部是自己想要的。那些意料之外的收穫雖然會帶來榮耀的光環，但也會成為沉重的負擔。

佛家常用「無明業火」來形容怒火。佛陀說，一切痛苦都產生於無明，人由於無明而產生了偏見與固執，苦也就產生了。當世間萬物的根本力量不能為人所知時，無明就會開始發揮作用。意外收穫會成為沉重的負擔就是這個道理。開始的時候，它充當的不過是一個可有可無的角色。

可是，隨著時間的推移，人們會逐漸將其視為一種必然的存在。一旦它缺席，大家就會像熱鍋上的螞蟻，心中充滿了不安與焦躁，甚至會大發雷霆。與此同時，自然的生活方式也正在漸行漸遠。

迄今為止，自然是公認的最睿智的生活方式之一。無數文人墨客都為自然寫下了瑰麗的詩篇。我們最熟悉的莫過於大詩人陶淵明筆下的「採菊東籬下，悠然見南山」。菊花飄香，南山悠悠，禪意濃濃。一種簡單的快樂油然而生。徜徉在這樣的美景中，我們會與自己的天性重逢。

不過，要想與自己的天性相遇，借助山水並不是唯一的途徑。只要能夠滅掉心上的「無明之火」，我們就會感到心中清涼，就有機會與自己的天性攜手同行。洞山禪師就是深諳此理的佛學大師。

有一次，一位僧人向洞山禪師請教問題：「禪師，請問我該怎樣做才能避開即將到來的寒暑季節呢？」

洞山禪師反問道：「那你為什麼不到沒有寒暑之分的地方去？」

僧人繼續問道：「請問禪師，您所提到的沒有寒暑之分的地方到底在哪裡？它有什麼樣的特點呢？」

洞山禪師回答說：「寒暑不分的地方有這樣一個特性，那就是該冷的時候簡直可以凍死人，該熱的時候又會熱得要命。」

世上真會如洞山禪師所說有那樣一個地方嗎？有的。這個地方遠在天邊近在眼前，就在我們心裡。本來寒來暑往是世間無可改變的自然現象，可是提問的僧人卻想避開它。這說明使僧人感到不安的並非寒暑的自然現象，而是僧人心中的障礙。洞山禪師正是察覺到了這一點，才會反問「你為什麼不到沒有寒暑之分的地方去」。實際上，沒有寒暑的地方在心外世界是不存在的。

可是，僧人並沒有意識到自己的天性有著如此強大的力量，反而在「無明之火」的蒙蔽下繼續向洞山禪師請教「什麼是沒有寒暑的地方」。這次，洞山禪師用了一個非常誇張的說明：冷時更冷，熱時更熱。如果一個人能在這樣的地方經受住考驗，那麼他就不再會對所謂的寒暑產生不安之心。這就是僧人心中產生「無明之火」的根源，同時也是撲滅他心頭「無明之火」的良方。

這個僧人就是生活中的你我的一個縮影。生活中的我們總是豪情萬丈，一門心思地向前跑，生怕自己落於人後。無論是工作，還是生活，一定要攀到最高的峰頂。現實卻常常不如我們所願。此刻，深受種種不安圍困的我們就會像故事中的僧人那樣遇到自己想要躲避的寒暑。當無法躲避的時候，心中的「無明之火」就總想破殼而出。只有找回自己的天然本性，熄滅心頭的無明之火，我們才可以結束這種煎熬的狀態。

宋代禪僧茶陵郁禪師曾經寫過這樣一首悟道詩：「我有明珠一顆，久被塵勞關鎖。今朝塵盡光生，照破山河萬朵。」茶陵郁禪師詩中的明珠指代的就是人的心靈。當我們將自己心上的塵垢清理乾淨，自然天性才能釋放出原有的光輝，我們也才能真正地有所成就。

【蓮心慧語】

佛說：一念天堂，一念地獄。善念是天堂的使者，惡念不僅是地獄的引路人，還是「無明之火」的根源。當惡念被清除乾淨，露出清明澄澈的本心之後，「無明之火」就會熄滅，歡樂就會與我們重逢。

不要忘了你就是你

佛說：「動則影現，覺則冰生。」我們如果既不動又不覺，就不會有明晰的見解；如果能夠感知「動」和「覺」的深意，重視自己的內心，人們就會如魚得水。

人生在世，每個人都對自己有一番熱切的期盼，希望自己可以諸事順利。若是遇到挫折，我們便會認為自己不夠努力，然後迫使自己比之前更努力幾分。如果最終還是沒有得到令人滿意的結果，很多人就會變得意志消沉，甚至藉由沉迷聲色來麻醉自己。由此也產生了許多人生悲劇。

其實，這一切都與我們不夠瞭解自己有關，尤其是很多時候過於依賴他人的看法，自己卻沒有認真思考。客觀地講，他人的看法不乏精妙之處，但是沒有經過自性感悟的道理並不會發生任何效力，甚至會成為前進途中的障礙。麻谷寶徹禪師就有過這樣的經歷。

有一天，麻谷寶徹禪師手拿禪杖去拜訪章敬懷暉禪師。到了禪堂之後，麻古禪師就繞著禪床走了三圈，然後將禪杖擺動了一下，在章敬禪師面前站定不動。

章敬禪師說：「就是這樣！就是這樣！」

後來，麻古禪師又去拜訪南泉普願禪師。在南泉禪師那裡，麻古禪師重複了拜訪敬張禪師時的行為，並等待著他讚揚自己的悟性。

可是，南泉禪師卻說：「不對！不對！」

當時，麻古禪師感覺到很奇怪，就問他：「為什麼章敬禪師說對，您卻說不對呢？」

南泉禪師答道：「章敬禪師並沒有錯，有錯的是你。你之所以在我面前有這樣的舉動不過是因為章敬禪師說對而已，與你自身的領悟無關。這樣得來的知識就像由風帶來的一樣，如果你不能消化吸收，最終還是沒有任何意義的。」

麻古禪師在章敬禪師和南泉禪師面前的舉動完全一致，為什麼他們二位一個說對，一個說錯呢？這與麻古禪師的立足點有很大的關係。當拜訪章敬禪師時，他做出繞床走、擺禪杖的動作時完全是出於自性感悟的行為。當拜訪南泉禪師時，他再次做出這一行為，卻並沒有任何自性感悟的成分在內，完全是因為這套動作曾經受到章敬禪師的肯定罷了。所以，南泉禪師才會說：「不對。不對。」在南泉禪師看來，一個人若想得到正確的見解，就要透過自性感知、消化吸收的過程才可以。如果只是拾人牙慧，這個人就沒有盡到自己的本分，也不能獲得正確的見解。

人生就是一條奔騰不息的大河。當人們主動放棄思考的權利，選擇隨波逐流時，付出的代價就是折戟沉沙。冷冰冰的河底不僅淤住了清淨澄明的心性，也塵封了做事的初衷。這時的人們就像一群迷途的羔羊，在黑漆漆的暗夜中穿行，既找不到回家的路，也無法擺脫深深地絕望。要想衝出眼前的這片暗夜，唯有一條路行得通。那就是洗淨淤積心頭的塵垢，順應自己的天性，不斷透過自性感知和領悟解決事情的方法。只要不放棄，連絕望也會成為我們的幫手。

一位哲人曾經說過：「在每個令人懷疑的深坑裡，雖然感到絕望，我們對真理追求的熱情，依舊不停地存在。不要放棄自己，而去依賴別人，縱使別人能解除你對真理的焦慮。不要因誘惑而導入一個不屬於你自己的真理。」所以，沒有過不去的坎，只有不願覺悟的人。當我們沒有忘記自己，點亮自性感悟的明燈之時，真理就會來敲門。

【蓮心慧語】

湛弘法師說：「這世上，許多看上去長不出希望的荒地，只要用心開墾、播種，都會有收穫。」所以，我們要堅信沒有過不去的坎，只有不願覺悟的人。我們要學會用自性的體悟去尋求自己想要的真理，而不是一味地依賴他人的看法或是隨波逐流。

體悟法身，還事物的本來面目

皇帝想要修整一座京城的寺廟。他在京城內外張貼皇榜，希望可以找到令他滿意的設計師。經過幾番遴選之後，有兩組人勝出。其中一組是京城中聲名遠揚的技師，另一組卻是幾個和尚。皇帝想要考驗一下這兩組人的手藝，就命令他們各自去整修一座小廟，三天之後來親自驗收。

由技師組成的那一組向皇帝要了許多顏色的漆料，又要了很多工具；而和尚們竟然只要了一些抹布和水桶。這讓皇帝十分納悶。三天很快就過去了，皇帝來驗收兩組人的整修成果了。

技師們負責的小廟被各種各樣的顏料裝扮得金碧輝煌，在陽光底下顯得金光燦燦，異常奪目。皇帝十分滿意地點點頭。再看和尚們負責的小廟，皇帝愣住了。和尚們負責的小廟並沒有任何顏料的痕跡。他們只是不露聲色地將廟中的牆壁、桌椅和窗戶等等都擦得非常乾淨。這座小廟就好像一面明鏡一般，映出了天邊的白雲、搖擺的樹影和對面色彩斑斕的寺廟。它是那樣寧靜安詳。皇帝被這一切深深地感動了。

負責整理小廟的和尚們並沒有高超的技藝，為什麼皇帝會如此動容呢？只因為擦拭乾淨的寺廟令皇帝感受到了佛家應有的寧靜、安詳與莊嚴。與裝扮得金碧輝煌的廟宇相比，露出真容的寺廟更容易使皇帝接收到佛性的力量。正視事物的本來面目可以使我們心生寧靜，而我們將在這種寧靜之中接近自己最本真的心靈。

現代生活節奏很快，每天在生活大道上奔走的我們常常行色匆匆，無暇顧及身邊的風景，更談不上去認識它們的本來面目。只有與挫折或失敗相遇，我們才會停下自己匆匆的腳步，反思自己的思想與行動。就像一位剛剛踏上職場的青年，開始的時候絲毫沒有留意自己要做的工作，只是一味地前行。直到屢屢碰壁，才明白在瞭解工作的真實情況之前，任何努力和技巧的運用都是盲目的。唯有正視它，自己才能找到做事的門徑。

太原孚上座原來是一位講解佛家經典的禪師。有一天，講到法身的時候，他說：「法身豎窮三際，橫遍十方。」當時，在座的夾山善會禪師聽了之後不由得笑出聲來。孚上座講完之後，就走下講壇，向夾山禪師請教：「請問剛才我講錯了什麼嗎？希望您可以替我指出來。」

夾山禪師說：「你講的只是法身的皮毛，根本沒有講法身到底是什麼。」

孚上座問：「那麼我該怎麼做才能知道法身是什麼呢？」

夾山禪師答道：「你可以暫時停止講經說法，到靜室中打坐。這樣，你一定可以親自領悟到法身到底是什麼。」

孚上座按照夾山禪師的話去做。有一天晚上，孚上座聽到了打更的聲音之後豁然開朗，就去敲夾山禪師的門，告訴他說：「我懂了。」

夾山禪師說：「你說說看。」

孚上座回答說：「從現在開始，我以後再也不會把父母所生的鼻孔弄歪了。」

所謂「再也不會把父母所生的鼻孔弄歪了」就是指再也不會忽視事物的本來面目了。為什麼孚上座會有這樣的感歎呢？孚上座只是根據佛家經典所言就將法身定義為「豎窮三際，橫遍十方」（意思是佛法貫通過去、現在和未來的空間，遍佈上下八方的空間），但這只是法身的表象。當按照夾山禪師的指點親自去參禪證悟之後，孚上座才發現原來法身不僅充滿了婆娑世界的時空，還蘊藏在諸如打更這樣的平常生活的小事中。這才是法身的本來面目。

其實，這樣的情形不只出現在孚上座一個人身上。很多時候，我們總是急於求成，希望可以儘快完成手中的任務，很少對它們進行認真地分析。可這種囫圇吞棗的做法卻常常為我們帶來不容小視的結果。這個結果不僅違背了我們的本心，還使得我們不得不用更多的時間「返工」。當這種情形經常發生時，我們就會心灰意懶，喪失前行的勇氣。

「清水出芙蓉，天然去雕飾。」我們如果能夠正視事物的本來面目，不被林林總總的物象所迷，就可以擺脫心魔的束縛，成為李白詩中的那朵出水芙蓉，清新、美麗、無瑕。

【蓮心慧語】

唐代的無盡藏比丘尼曾寫下這樣的體悟：「盡日尋春不見春，芒鞋踏遍嶺頭雲。歸來笑拈梅花嗅，春在枝頭已十分。」只有正視事物的本來面目，我們才能回歸自己的本性，才能找到做事的門徑。

靈山只在你心中

幾乎每個人都想將自己的生活貼上快樂的標籤。不過，快樂的生活僅有物質上的支撐是遠遠不夠的，精神上的舒暢也是非常必要的。特別是信仰成為生活的底色之後，我們就可以時常沐浴在快樂的海洋中，免受痛苦和煩惱的打擾。

信仰是快樂生活中最重要的元素。有了它，我們便可以穿越負面情緒構築的荊棘林，擁有獨立的見解，成為命運的主人。而若想要信仰成為生活的底色，我們就需要鍛鍊自己的內心，學習各種真理，增強自己識別各種偽真理的能力。可是，在這一過程中，一些玄奇的道理時常會跑出來擾亂我們的視線。它們總是披著真理的外衣，甚至偽裝得比真理更像真理。然而，一旦挫折或失敗來襲，它們就會露出虛弱的本質。而將它們引為真理的我們也只能眼睜睜地看著自己在失望和痛苦的漩渦中越陷越深，與快樂漸行漸遠。

黃檗希運禪師曾經就此向他的弟子開示說：「你們這些人整天都是迷迷糊糊的，就像喝醉酒的醉漢一樣。你們只是一味地那樣到處行腳參訪，要幾時才能到達像今天這樣真正修行的境界。你們難道不知道大唐朝沒有真正的禪師嗎？」

當時，有一名弟子走出來，答道：「我知道很多地方都有人在開示弟子，引導弟子們進行修行。您怎麼解釋這件事呢？」

黃檗禪師回答說：「我並沒有否認禪的存在。我只是想說沒有與弟子相契合的師父。」

黃檗禪師並非對當時各地禪宗的情況不瞭解，而是故意這樣說。在他看來，各地禪宗雖然表面上看起來繁榮一時，但大部分都是華而不實，都只是在重複一種理念，而沒有考慮弟子們的實際情況。無論弟子本身的條件如何，師父都只採用一種方式去開示、引導。這就如同用一種玄奇的道理來遮住人們的雙眼。弟子們並沒有因為師父的開示、引導而悟道。

玄奇的道理在生活中比比皆是。永動機就是一個非常典型的事例。宣傳永動機學說者堅稱人們會生產出一種不需消耗能量就可以一直工作的機器。可惜，這種機器並不能真正發揮作用。它的設計原理違背了物質能量守恆定律。同樣的道理，被玄奇的道理遮住雙眼的人也是非常可悲的。他們不僅違背了自己的內心意願，還將看到的幻影當作事情的「真相」，並渴望從「真相」中尋求快樂和解脫。其結果是可以預見的。人們越是執著，離自己的本心就越遠，離真正的快樂也越遠。

曾有人留下這樣一個佛偈：「佛在心中莫浪求，靈山只在汝心頭。人人有個靈山塔，只向靈山塔下修。」不必直接去靈鷲山求佛，因為佛就在你心中，向自己心中求就可以了。學習真理也是如此。只要順應自己的內心意願，不被玄奇的道理遮住自己的一雙慧眼，我們就可以學到真理的精髓，並過上有信仰的生活。

【蓮心慧語】

圓悟禪師說：「佛祖大機，全歸掌握；人天命脈，悉受指呼。」只有不被玄奇的道理遮住雙眼，堅守自己的本心，我們才能應用各種道理，才能使自然和他人成為我們的同伴，才能到達最高層次的快樂。

身心安頓，獲取幸福的不二法門

身心安頓是人生的一寶。身心安頓的人，個性中往往透露出一種智慧的力量。這是一群成熟穩重、熱愛生命、相信未來的人。生活上的安逸艱辛與工作中的順利失敗都不會令他們陷入驚慌失措、焦慮憂傷的情境中。坦然面對、珍惜幸福是他們生活的底色。

幸福的人都是相似的，他們都是身心安頓的人；而沒有獲得幸福的人卻有各自的不幸福，也許你我正是其中的一員。生活中越滾越大的壓力、不能實現的美好願望都是我們必須去面對的。為此，焦慮、不平等負面情緒就會在心中不斷堆積。而負面情緒堆積的結果就是自己失去了掌控自我身心的能力，只能任由它們隨著物象的變化而沉浮。同時，力量變得越來越大的負面情緒還打破了內心的清淨和平衡。我們對於幸福的期許感越來越弱，並且開始害怕生活會不會就這樣拋棄自己。

幸運的是，獲得幸福的途徑並不難找到，它真正的來源即安頓的身心。所以，當安頓身心的法門被找到時，幸福的大門就會洞開。世間的種種繁華並不能使我們的身心得到真正的安頓。它們帶來的歡樂都是短暫的，就像是聽了一場音樂會，曲終人散之後，心中的落寞依然。順應天性、應用自然之道才是身心安頓的至寶。李端愿太尉曾經就此向曇穎禪師請教。

李太尉問道：「禪師，請您告訴我人們常提到的地獄到底存在不存在呢？」

曇穎禪師回答說：「如果本來沒有卻說有，就像眼睛看到的幻景一樣，好像存在又好像不存在。您現在是從有生無，實在是可笑。如果人們能夠看到地獄，為什麼卻沒從心中看到天堂呢？所謂的天堂或是地獄都只是在一念之間。您如果內心平和，沒有憂懼之心，自然就會沒有疑惑了。」

李太尉繼續問：「怎樣做才能讓內心平和，沒有憂懼之心呢？」

曇穎禪師回答：「就是不思善惡。」

李太尉又問：「如果不思量之後，我的心該安放在什麼地方呢？」

曇穎禪師回答：「心無所歸。」

太尉再問：「人如果死了會回到哪裡去呢？」

曇穎禪師回答：「不知道生，怎麼會知道死呢？」

太尉說：「生是我早就知道的事情啊。」

曇穎禪師問：「那麼，請你說說生從何而來？」

太尉沒有立即回答，而是陷入了沉思。正思量間，曇穎禪師突然用手搗了太尉的胸一下，說道：「你只是在這裡思量什麼啊？」

太尉說道：「是啊，何必為此自尋煩惱呢？」

曇穎禪師答道：「憂慮和煩惱之所以會來找你，都是因為你內心一直不平靜呀。」

李太尉和曇穎禪師你來我往，有問有答，涉及到有無、生死等多個問題。但是，他們談論的核心始終沒有離開安頓身心的問題。人們會憂懼深思，憂懼不安都是因為自己的內心一直沒有安頓下來。唯有以自然之道安頓身心，一切憂慮和煩惱之心才會離我們遠去。

為此，我們必須接受無常就是世間的真相。世間萬物，有生必有死，有合必有離。與其憂慮煩惱纏身，不如坦然接受事實。心情放鬆之後，我們才能逐步體會到自然之道的快樂，才會發現在這浮躁喧囂的世界裡還有一處可以安頓自己身心的角落。

人心就是一汪源頭活水。如果人心散亂，我們就會失去自己的主張，為物象所迷惑，為心障所羈絆。我們將變成無頭蒼蠅，到處亂撞，離自己的幸福越來越遠。反之，身心安頓的人才能真正認清自己，不受任何外在的影響，才能向幸福邁出堅定的步伐。

【蓮心慧語】

佛說：「不是風動，不是幡動，是仁者心動。」心是人生的源頭活水，身心的安頓能夠帶來無邊的幸福，否則便會將我們帶向痛苦的深淵。應用自然之道安頓身心是我們最好的選擇。

禪悅花開：依本心漸進而行

生活就如一條不斷奔湧的河流。隨著社會的不斷發展，這條河流流動的節奏越來越快，有時竟會將身處其中的我們捲走。為了擺脫這股急流，我們揣摩著自己眼前不斷變化的情境，試圖找出脫身的方法，可是卻很難做到。緊張急迫變成了生活唯一的節奏。不經意間，速成成了當今社會的一種時尚。

在緊張急迫的節奏中，人們每天都處在疲於奔命的狀態，沒有時間思考，沒有時間戀愛，沒有時間看望父母，甚至沒有時間休息。每當不堪重負不得不停下來休息時，心中還在盤算著會不會因為休息而錯過某些重要的事情。對物欲的追求之心和恐懼的想法交替折磨著人們的心靈。人們也因此陷入了迷茫，不知該何去何從，是緊跟生活節奏的步伐，還是順著自己的本心而行？

生活不需要一味地急行軍。佛家有言：「飯未煮熟，不能妄自一開；蛋未孵成，不能妄自一啄。」人間萬物都有自己的平衡之道。一味地急行軍並不是解決一切問題的法寶。只有一張一弛，按照自己的本心漸進而行，我們才會不再迷茫，才能在照顧好自己工作和生活的同時欣賞沿途的風景。《碧巖錄》中就記載了一段雲門文偃禪師就此向他的徒眾進行開示的公案。

有一天，雲門文偃禪師對他的弟子們說：「本來每個人都有一片光明之心。不過，你如果想看到它的話，又會遇到些困難。你會像掉進一個黑乎乎的漆桶裡一樣，什麼也看不清楚。那麼你們各位的光明之心到底是什麼呢？」弟子們都不知道該怎樣回答。

過了一會兒，雲門禪師自己代替弟子們回答道：「廚庫三門。」然後又補充了一句：「好事不如無。」

雲門禪師問弟子們的問題並不難理解，但答案卻非常耐人尋味。所謂「三門」又稱「山門」，是指佛寺前面的大門。雲門禪師在這裡應用了一個比喻，用佛寺大門來比喻人們的心門。穿過心門的重重障礙，人們就可以看到自己的光明之心。

雪竇禪師把穿過心門的重重障礙稱之為「倒騎牛兮入佛殿」。這需要一系列的過程。首先，人們要見到牛，得到牛，進而放牧牛。其次，要把牛騎回家。再次，要忘記牛的存在，進而達到人牛俱忘的境界。最後，要回到最初的狀態，完成垂手悟道的修證。經過如此循序漸行的過程，人們才能看到自己的光明之心。

其實，這顆光明之心就是我們本心的化身。按照自己的本心漸進而行，我們就能迎來生活的曙光和事業的甜蜜。我們每個人都會為自己的成功而歡喜。不過，急切的態度可能會使我們錯過成功的最佳時機，背離成功的條件。畢竟，世上有許多事都需要時間的雕琢，需要漸進而行。

千萬不要怕生活節奏慢下來。很多時候，在快速的生活節奏和焦急的做事態度的雙重夾擊下，我們會變得呼吸困難，甚至會出現窒息的情況。此外，憂懼之心也會成為侵襲我們的常客。長此以往，我們就會不斷背上阻斷我們與現實及夢想的心障。隨著心障的不斷增加，我們就如同一艘不堪重負的貨輪，隨時有傾覆的危險。同時，我們渴望的成功也總是一反常態，遲遲不至，這讓我們心懷憂懼，陣腳大亂。

若是能夠將節奏慢下來，漸進而行，嫵媚的春花、滂沱的夏雨、寂寥的秋月、晶瑩的冬雪、歌唱的鳥兒……都會陸續出現在眼前。我們便可以在悠閒安然的小憩中得到適當的休息，欣賞途中美麗的風景。

【蓮心慧語】

佛說：「禪悅，便花開。」當我們真正體悟到禪的真諦時，心中就會綻開勝利的花朵。緊張急迫只會為我們帶來憂懼之心，使我們與真理背道而馳。唯有依照本心，漸進而行，我們才能得到真正的歡喜。

第二章　遠離愛恨貪嗔癡的牢籠——佛說煩惱

【頌】虛堂雨滴聲，作者難酬對。若謂曾入流，依前還不會。會不會？南山北山轉滂霈。

【評】人們習慣用自己的見聞進行判斷的做法常會使自己在不自覺中陷入愛恨貪嗔癡的牢籠無法自拔。當我們守住了自己的心靈寶藏，衝破了自身的身心束縛，遠離這一牢籠的願望才變得切實可行。

佛說：人生有三毒，貪、嗔、癡。它們是每個人一生所有煩惱的來源。實際上，無論是對於某事或某物的過分執著，還是對於生死的無法釋懷，歸根結底都是貪、嗔、癡的結果。它們不會為人們帶來幸福和快樂，只會讓他們在抱怨和煩惱中迷失自己。因此，遠離愛恨貪嗔癡的牢籠也就遠離了煩惱的根源，遠離了可能渾渾噩噩的一生。

放空心靈，開始佈施之旅

有一天，無德禪師接待了三位向他求教的信徒。賓主落座之後，三人向禪師道出了心中的疑惑：「大師，請問禮佛真的可以解除心中的痛苦嗎？如果這是實情，那麼為什麼我們虔誠地做了多年的佛家信徒還沒有得到快樂的眷顧呢？」

無德禪師聽後，並沒有直接給出答案，而是反問他們：「你們為什麼要活著呢？」

沉默片刻之後，甲首先打破了僵局，答道：「我活著是為了不死。一想到有一天自己會變成毫無生機的屍體，我就感到非常地害怕。我要好好地活著，我還不想死。」

乙回答說：「只有活著，我現在的一切努力勞動才有意義，我才能在晚年的時候過上富裕的生活。」

丙回答說：「我是一家的頂樑柱，負責養活全家人。如果我死了，他們就會凍餓而死。」

聽了三人的回答，禪師言道：「你們整日都在為死亡、年老和辛勞這些事擔驚受怕，哪裡還會想到快樂呢？你們如果能用理想、信念和責任來替換它們，相信你們就會逐漸地快樂起來了。」

三人聽了之後，表現出了半信半疑的神情：「您說的是真的嗎？光靠這些就能得到快樂的眷顧嗎？」

禪師說：「那你們心目中的答案是什麼呢？」

甲說：「我相信名譽可以帶來快樂，因為有了名譽就有了一切。」

乙說：「我認為愛情是快樂的使者，因為愛情能為我帶來最甜蜜的享受。」

丙說：「我想金錢應該是我最大的快樂，因為金錢是最有用的。」

無德禪師聽後，搖了搖頭，說道：「如果真的是這樣，你們永遠都只會與快樂擦肩而過。當你們真正擁有了自己所說的金錢、愛情和名譽之後，煩惱和憂慮還會像影子一樣跟在你們的身邊。」

三人一聽傻了眼：「大師，那我們該怎麼辦才好呢？」

無德禪師答道：「你們如果想要與快樂結伴而行，就要先改變自己固有的觀念。金錢要用來佈施大眾，愛情需要向愛人奉獻，名譽要用來服務大眾。唯有如此，你們才會得到真正的快樂。」

快樂是人們追求的終極目標。故事中的三人也不例外。他們將快樂視為自己的人生大事，希望可以透過它從對死亡、年老和辛苦的擔憂中解脫出來。然而金錢、愛情和名譽帶來的快樂卻非常有限，並很容易引發個人的私欲膨脹，帶來無數的煩惱和癡嗔怨怒。正如無德禪師所言，只有先改變固有的觀念，真正的快樂才會到來。

佛說：空即是色，色即是空。世間萬物並不會恆常存在，而是時時處於無窮的變化當中。因此，過分執著於自己所求並不能享受真正的快樂，相反地只會煩惱叢生。另外，當個人私欲不斷膨脹之時，由聲色帶來的快樂持續的時間就會越變越短，煩惱卻如雨後春筍一般長滿了人們心中的每個角落。所以，當心靈中堆滿了各種各樣的欲望時，我們是無法尋到快樂的影蹤的。

若要尋得快樂的蹤跡，放空堆滿欲望的心靈是題中應有之義。這便是佛家常講的因果。在佛家看來，我們若是沒有製造出地獄產生的緣由，自然就不會招來下地獄的懲罰；如果沒有製造出上天堂的緣由，自然就不會承受上天堂的結果。正是不斷增長的貪欲為我們找來了煩惱這個心障。

隨著貪欲的不斷增長，它也會在心中不斷堆積，最終我們的身心會達到崩潰的邊緣。此刻，放空心靈是唯一的選擇。只有放空心靈，我們才能成為自我心靈的主宰，才能自由自在地塑造自己的心境，快樂才會真正到來。與此同時，我們若能開始佈施之旅，就邁出了遠離貪癡牢籠的第一步，心也會在這一刻開始回歸澄明。一顆澄明清淨之心是與快樂攜手同行的重要保證。

【蓮心慧語】

《金剛經》說：「一切有為法，如夢幻泡影，如露亦如電，應作如是觀。」海市蜃樓並不是人間的實相。我們如果過分執著於自己的欲望，就會生出煩惱的因由，使自己為煩惱所擾。如能放空心靈，開始佈施之旅，快樂就會常伴我們身邊。

心無雜念，自然圓滿

佛說，心無雜念，才能萬物皆空。一心一用是世間最難得的品行。可惜，世人卻常常很難做到這一點。他們總是在生命的表面徜徉，迷失在種種思量和千般妄想中。一個人只有做到一心一用，才能穿越百般浮華、千般寵辱，看透毀譽得失、功名利祿與成敗勝負，達成自身的完滿。龍牙禪師就是這樣一個心無雜念的人。

有一天，龍牙山居禪師去向翠微無學禪師請教問題。

龍牙禪師問道：「大師，請問祖師西來意是什麼意思？」

翠微禪師答：「請你把香板拿過來。」

於是，龍牙禪師就將香板遞給了翠微禪師。沒想到翠微禪師一接過香板馬上就打了他幾下。可龍牙禪師卻並沒有急於躲閃，只是說：「我任由你打，可是你並沒有講出什麼是祖師西來意。」

後來，龍牙禪師又跑去請教臨濟義玄禪師：「大師，祖師西來意是什麼意思？」

臨濟禪師說：「請你替我把蒲團拿過來。」

於是，龍牙禪師將蒲團遞給了臨濟禪師。可是，接過蒲團的臨濟禪師竟然像之前的翠微禪師一樣用蒲團打他。

龍牙禪師這次也沒有躲閃，只是說：「我任由你打，可是你卻沒有告訴我祖師西來意是什麼意思。」

「祖師西來意」是佛家最重要的偈語之一。無數參禪者都想要參透達摩祖師當年來到中土的深意，龍牙禪師也不例外，他還專門為此去請教翠微、臨濟兩位禪師。儘管兩位禪師都沒有明確地給出答案，還用香板和蒲團打他，龍牙禪師卻不為所動，只是念著自己請教佛法的初衷。

和世人對奢華生活的企圖心相比，龍牙禪師心無雜念地追求佛法的行為是多麼彌足珍貴。當奢華成為一個人生活的主旋律時，貪欲和煩惱就會像影子一樣時時跟隨在身邊。如此一來，我們的身心就會從早到晚都被層出不窮的癡嗔包圍，沒有安頓的地點。而若能做到心無雜念、恬淡自然，我們就可以集中全副精力做事，不被癡嗔所擾。

每個人都是大千世界中的一員，都扮演著相當重要的角色。而幸福並不會因為角色的不同而有所延遲。之所以會有那麼多不幸福的人存在，就是因為他們很難確信心無雜念是幸福到來的使者。況且他們也絕少意識到自己已經掉進了嗔癡的牢籠。於是，下面的一幕正在時時上演著。對心無雜念心存疑惑的人常常生活在人群中卻與感情的世界結緣，步入了婚姻的殿堂卻不明白如何去愛別人，腰纏萬貫卻不知道快樂就是需要不斷給予。其實，他們並不清楚心無雜念、恬淡自然本身就是一種幸福。而真正的幸福就源於我們的內心。

當心中的雜念被清除一空時，我們才會發現平時總在尋找的芳草鮮美落英繽紛的桃花源就在自己身邊。生命是一個不斷成長的過程，其間不必過於看重自己是否擁有更多的私產，不必過於糾纏於種種偏離自我夢想的雜念，只要保持一顆恬淡自然之心即可。

【蓮心慧語】

《阿含經》中提到：「積聚終消散，崇高必墮落。合會要當離，有生無不死。」世間萬物無常，既有積聚、崇高、統一、勃發的一面，也有消散、墮落、分裂、毀滅的一面。勘破其中的真諦也便體悟到了世間的真相。由此，我們也可以遠離心中雜念帶來的煩惱，回歸恬淡自然的天性。

放下即菩提

常言人生四大賞心樂事：久旱逢甘霖，他鄉遇故知，洞房花燭夜，金榜題名時。其中「洞房花燭夜」又被人們稱為「小登科」。古往今來，無數癡情男女都在月下盟誓定情，期盼「小登科」的到來。可是，又有很多人由於種種原因不能有情人終成眷屬，卻還在守著月下之盟的執念，不肯醒悟。愛情如此，世事亦如此。即便是今天，耽於執念的人也是如過江之鯽，不可勝數。更令人驚訝的是，執念正在悄悄地改變著人們的生活。

現代工業的新科技革命帶來的不僅是水漲船高的生活水準，還有緊張忙碌的社會節奏。種種無以言表的恐慌心理漸漸在人們的心中生根發芽，並最終匯成了一種混雜著多種欲望情感的執念。正是這種執念打破了原本寧靜淡然的生活狀態。如今，全方位開足馬力已成為生活的常態。身處其中的人們也變得愈發急躁不安，整日憂心忡忡，既無法擺脫無邊的忙碌和沉重，也無法安頓好自己的身心。時間好像總是不夠用，生活也好像總是疲於奔命。如何才能應對這些執念帶來的危機，守住自己心靈的寶藏呢？

佛說，放下執著，就成為阿羅漢；放下分別，成為菩薩；放下妄念，成為佛。在佛家看來，只有破除了我、法二執，並從聞、思、修三個方面做好修行的功夫，才能解除一切煩惱和惡行的根源。這便是自我教育、自我修行的法門。為執念所困的人們同樣可以透過放開執念、安守本心的方式來度過危機。雲門文偃禪師就曾以放開執念的道理來開示弟子。

有一天，玄沙師備禪師對他的弟子們說：「各地有名望的禪師都紛紛表示自己一定要做好宣揚佛法、普度眾生的工作。那麼當遇到下面這三種情形的病人時，該怎麼做呢？

「第一，當你舉起香板和拂塵的時候，他雖然看見了，卻不明白是什麼意思，就像盲人看不到東西一樣。第二，當你跟他講話，他聽不明白你要表達的意思，就像聾人聽不到任何聲音一樣。第三，當你教他講話，他卻說不出來，就好像啞巴一樣。請你們來談一談，如何才能使這三種人得到接引呢？你如果說這件事根本無法做到，那麼佛法豈不是不靈驗了。」

當時，沒有一個弟子可以回答出玄沙禪師的問題。後來，有一名弟子曾經向雲門文偃禪師請教這個問題。雲門禪師聽了之後，說道：「你應該向我行禮！」可是，當這名弟子行完禮起身的時候，雲門禪師卻突然用手中的拄杖打向提問的弟子。弟子不由得倒退了幾步。雲門禪師說：「我看你的眼睛並不是看不見。」接著又叫弟子上前，弟子聽了禪師的話就向前走去。雲門禪師接著說：「你的耳朵也不是聽不到。」隨後，雲門禪師又問他：「你懂了嗎？」弟子回答道：「我不懂。」雲門禪師說：「你也不是不能說話。」這時，弟子恍然大悟。

由這則公案，我們不難看出，當不再執著於玄沙禪師所講三種病症的具體情形時，提問的弟子才領悟了其中的真諦。由於佛法是不著文字、直指心性的法理，所以弟子越是執著於玄沙禪師的描述，就越無法離開執念的泥潭，撥開眼前的迷霧。而雲門禪師用身體力行的方法幫助提問的弟子打破了心中的執念，領悟了玄沙禪師的深意。

生活中有無數繁花似錦的風景，也有許多難以實現的月下之盟。月有陰晴圓缺，人有悲歡離合，所以千萬不要指著月亮發誓。因為就在發誓的那一刻，你就將一種執念種在了自己心中。唯有放開執念，守住本心，理想和幸福才會常伴你我左右。

【蓮心慧語】

黃龍禪師說：「昔人去時是今日，今日依前人不來。今既不來昔不往，白雲流水空徘徊。」

恪守無法實現的執念不僅會擾亂自我的身心，還會阻斷與他人的正常交往。唯有破除執念，守住自己的本心，我們才能擁有逍遙自在的生活。

心境澄明，煩惱皆在身外

老子說，福兮禍之所伏，禍兮福之所倚。凡事皆有兩面。一匹頭上長有白毛的馬沒人敢騎，反而因此免除了一輩子任人奴役的命運；一頭鼻子高高翹起的豬不會被用作祭祀的犧牲，才會安全終老。可是，當某件事需要做出明確的判斷時，我們卻總是喜歡根據自己的愛憎來發表見解。於是，偏見就不可避免地出現了。

偏見雖然看起來只是個人的一種見解，卻將無窮的煩惱帶到了自己身邊。我們不僅會一直沉迷於自己編織的幻夢中無法自拔，還將失去辨別事物真偽的慧眼走向見解的極端。更可怕的是，澄澈的真心將在偏見的迷霧中隱去，愛憎之心將會成為生命的主宰。此時，若想從煩惱中掙脫，當務之急就是要驅散偏見的迷霧，找回澄明之心。而大隨法真禪師便是個中高手。

有一天，一位僧人向大隨法真禪師請教問題。

這位僧人問道：「禪師，如果劫難的火燒起來了，整個世界都在大火中化為灰燼，諸如須彌山、四大海和三千大千世界都不存在了，不知道『這個』會不會被損壞？」

大隨禪師回答說：「會損壞的。」

僧人接著又說：「如果是這樣的話，那就隨他去吧。」

大隨禪師說：「對！就隨他去。」

故事中提到的「這個」就是「真如或者自性」的代稱，也就是人們的天性所在。開始的時候，提問的僧人一直擔心自己的天性會損壞，在聽到大隨禪師「會損壞」的回答之後又隨即釋然。實際上，就在心中釋然之際，他的見解方式已經發生了重大的變化。天性在請教之初還被當作十分重要的前提，而釋然之時他已明白了自己的問題所在。正因為先在心中存了損壞與否的觀念，自己才會對天性的存在有所誤解。

類似的情形也經常會在生活中出現。當一件東西找不到時，我們就可能會懷疑那些平時與自己意見不合的人，並且在之後相當長的時間內，他們在我們眼中個個都是小偷的模樣，一舉一動也無一不符合小偷的特徵。直到東西被找到時，嫌疑才會自動解除，他們在我們眼中才會恢復正常人的形象。

佛家認為，心為諸法源，調心佛善說。澄明內心是世人修習的關鍵。當對周圍的人、事、物懷有強烈的愛憎之情時，情感就可能超越理智的堤壩，澄明的心性就會迷失在一片混亂當中，我們也將深陷情感的漩渦中不能自拔。如此得出的見解便不再是出於本心的判定，而是嗔癡的代言。唯有找回自己迷失的心，使情感不再越過理智的堤壩，我們才能撥開偏見的浮雲，結束自己被癡嗔奴役的命運。

魚在水中游來游去，水就會變渾濁；鳥兒在天空飛翔，地上就會有掉落的羽毛。當對事物的真相有了深刻的體悟之後，我們就具備了辨別黑白的能力。這樣，我們就可以找回自己迷失的心，就不會輕易地因為愛憎之情而深陷情感的漩渦。當我們的心恢復了以往的澄明，偏見的烏雲就會散去，我們就能將歡喜和自在收入懷中。

【蓮心慧語】

五台均提童子曾經有言：「面上無嗔真供養，口裡無嗔吐妙音。面上無嗔有珍寶，無染無垢是真常。」嗔是偏見產生的源泉。心中有嗔，心就會不再清澈澄明，就會被偏見蒙蔽。唯有洞悉事物的真相，找回迷失的心，我們才能撥開偏見的浮雲，才能遠離煩惱，擁有快樂。

莫為虛妄所動

佛說，凡有所相，皆為虛妄。若見諸相非相，則見如來。世間萬物皆是沒有邊際、不可捉摸之物，就如大海平靜的外表下隱藏著驚濤駭浪。如能撥開眼前的迷霧，不為種種假象所迷，我們便可以遠離虛妄帶來的煩惱和痛苦。然而，現實的情況卻是有相當一部分人還按部就班地生活在種種假象當中而不自知。

從20世紀後半葉開始，全球經濟開始進入了發展的快車道。經濟的飛速發展不僅帶來了更為豐富的物質生活，還帶來了緊張忙碌的社會生活節奏。與此同時，改變成為這個充滿了創造力的時代唯一能夠確定的事情。很多有識之士除了做好本職工作之外，還不斷地透過自學或是參加各種形式的培訓班來為自己充電。也有一部分人喜歡自己擁有的安定現狀，雖然創新二字從不離口，卻是遲遲不能邁出嘗試的步伐。然而，這樣的安穩只是一種安全的假象。

「桶底脫落」是佛家悟道的象徵。不願改變的人常常會因為貪圖安穩而落後於社會發展的潮流，並嘗到親手釀成的苦酒。這便是掉入阻礙視野的黑漆桶當中最典型的表現。只有當噩夢來臨的時候，他們才會從舒適和安逸中猛醒，才會發現自己早已遠遠落在了時代的後面。

與此同時，他們的人生也徹底變了模樣。抱怨和憂懼成了日常生活的主色調，自尊和虛榮之間的交鋒時時撞擊著脆弱的心，而深受打擊的他們已經失去了最起碼的判斷能力，只能在一片愁雲慘霧中無力地掙扎。要想找回迷失的心，趕走那些莫名的煩惱，唯一可行的方法就是跳出阻礙人們視野的黑漆桶。對此，蓮花峰庵主有著獨到的見解。

有一天，天臺山蓮花峰庵主將他的弟子們召集到了一起。只見他舉著拄杖對弟子們說：「從前的禪師有了佛法做拄杖，為什麼不肯停留？」

弟子們默然無聲。

等了一會兒，見無人答言，蓮花峰庵主就替他們回答道：「這是因為他還在修行半途中，功夫還沒有得力。」

隨後，蓮花峰庵主又接著問：「那究竟應該怎麼辦才好呢？」

接著，他又替弟子們答道：「不要管別人，只自己橫扛著拐杖，一直向千峰萬峰走去。」

在這裡，蓮花峰庵主用了譬喻的手法，拄杖就是悟道的化身。在他看來，從前的禪師沒有停止悟道是因為功力不夠，不能突破自己修行路上的障礙。隨後，他又提出了衝破修行障礙的方法——一直向千峰萬峰走去。古人有言，無限風光在險峰。登上了無數的高峰、險峰，見過了無數風景之後，人們的視野就會極大地開闊，困擾自己多時的黑漆桶自然就會被輕易地打破。

在現實生活中，我們周圍有數不清的黑漆桶。它們可能是無形的，也可能是有形的；可能是前輩總結出來又逐漸過時的舊模式，也可能是自己思維上的不良習慣；可能是截斷交通要道的高層建築，也可能是某個方面的權威指導。無論形式如何，它們都將使我們變得視野狹窄，煩惱纏身。我們的心也會因此而迷失在思維的死結裡。

這種情形就像是走進了一個長長的迷夢，越到深處熟悉的東西就越多。相反地，如要走出去，我們便會發現這裡只有堅固無比的牆壁，根本沒有門。這些看似堅固的牆壁就是阻礙我們視野的黑漆桶，它們當中積聚了無數的假象和妄念。如果能夠放下世間的一切假象，不為虛妄所動，我們才能跳出阻礙視野的黑漆桶，回歸自己的真正本性，過上幸福快樂的生活。

【蓮心慧語】

雪竇禪師曾經留下了這樣的頌詞：「眼裡塵沙耳裡土，千峰萬峰不肯住；落花流水太茫茫，剔起眉毛何處去？」我們如果總是執著於世間的假象，就無法跳出阻礙自己視野的黑漆桶。只要勇敢地去探尋原有視野之外的世界，我們就能把握住快樂的生活。

無邊風景就在源頭活水中

馬祖道一是一位禪學大家。他曾經跟隨衡山懷讓禪師學習。開始的時候，馬祖道一總是對坐禪很熱衷，無論什麼情況都不能動搖他參禪的決心。日子一天天過去，儘管馬祖道一很勤奮，卻仍然沒有悟道。

這時，他的老師懷讓禪師有心點撥他，就向他提出了一個問題：「你坐禪的目的是什麼？」

馬祖道一說：「弟子坐禪是為了成為普度眾生的佛陀。」

看到弟子沒有領會自己的深意，懷讓禪師就不再說話，拿著一塊磚頭在石頭上磨了起來。

馬祖道一看到師父的舉動之後，非常驚訝：「師父，您為什麼要磨磚頭？」

懷讓禪師答道：「我想用它做一面鏡子。」

馬祖道一更加奇怪了：「師父，磚頭怎麼可能磨成鏡子呢？」

懷讓禪師笑著說：「既然磚頭沒辦法磨成鏡子，那麼坐禪就能成為佛陀嗎？」

馬祖道一明白了師父的苦心，繼續求教道：「請師父指教弟子成為佛陀的方法。」

懷讓禪師說：「這個道理就好像有人駕著一輛牛車在路上走，車子突然不動了，駕車人是該打車還是打牛呢？現在你必須要明白自己到底是要學坐禪還是要學坐佛。如果是學坐禪，禪並不局限於坐臥的形式。如果是學坐佛，佛性無處不在，佛並沒有一定的形相規定。就禪宗大法而言，不應執著於變化不定的事物。你如果學佛就是扼殺了佛，如果對於坐禪這種形式過於執著就是與佛法背道而馳。所以，坐禪並不能幫助你悟道成佛。」

聽了師父的一番話，馬祖道一恍然大悟。

馬祖道一懷有普度眾生的理想，但是卻遲遲不能悟道，這與他的過分在意悟道的具體形式有著莫大的關係。正是這份在意使他被具體的形式所困，遠離了最初的理想。執著可以幫助人們突破那些需要持久的努力才能攻克的堡壘。但是，如果努力的方向南轅北轍，那麼執著的程度越高帶來的阻礙就會越大。

岩頭全奯大師有言：「爾不見道，從門入者，不是家珍，須是自己胸中留出，蓋天蓋地，方有少分相應。」只有從自性中流露出來的道才能充滿天地，才能與自身相契合。要想真正地悟道，實現自己的夢想，我們就要勇於打破自己身體的牢籠，不再執著於是非得失。唯有如此，我們才能時刻專注於自己的夢想，不再為五花八門的形式所迷惑。執著於某一具體形式從來都不是實現夢想的最佳方式。

雪峰義存禪師就曾就此開示他的弟子們：「如果把整個大地揉成一團，大地就只有一粒小米那樣大小。儘管這樣的道理就明明白白地出現在你們眼前，你們卻一個個像掉進了黑漆桶裡一樣，一點也不明白其中的深意。我之所以這樣講就是希望你們能像訓練有素的軍隊一樣，聽到鼓聲就要舉旗，面前擺著道理就一定要做出反應。」

雪峰大師接用了兩個比喻來闡明道理。首先，他將大地比作了一粒小米，是要眾人不要被世間萬物的種種色相所迷。儘管世間萬物種類眾多，不過它們所要闡述的都是同一個道理。其次，他用掉進黑漆桶來比喻眾人為形式所困的狀態。當人們沉迷於某種形式時，他們眼中的各種物象就取代了自己念念不忘一心追求的道或是夢想。這時的他們已經無力分辨哪個是自己真正要追求的目標，哪個是自己要超脫的物象。所以，當務之急就要打破使自己與領悟失之交臂的黑漆桶，躍出阻礙自己前進的物象的牢籠。

在物象牢籠裡掙扎的人是可悲的。他們眼中只有一處風景，他們只為一處風景傷心流淚，卻捨棄了擁有無邊風景的夢想。其實，從一處風景到無邊的風景只需要邁出關鍵性的一步。只要勇敢地邁出那一步，你就會發現映入眼簾的是多麼與眾不同的東西。那件東西就是你渴望得到的。它一直就在那裡，從未改變。同時，你也將發現眼前的那一條路並不是通向終點的唯一路徑。能夠到達那裡的路徑還有很多條。放眼望去，每一條小徑上都開滿了迷人的鮮花，傳來陣陣淡淡的香氣。

遺憾的是，很多時候，人們總是對這片與眾不同的風景視而不見，直到自己掉進物象的陷阱中才後悔莫及。後悔之餘，還不忘慨歎一聲：為什麼我的人生竟是這樣一場苦澀之旅。我們每個人都有自己的生活軌跡，沒有人希望自己的天空陰霾沉積。生活常常會帶給我們種種不如意。不過，只要不為事物的表象所迷，找準努力的方向，我們就將迎來嶄新的天地。那片天地裡有著芳草鮮美、落英繽紛的美景，最重要的是那裡住著一位叫做夢想的姑娘。

【蓮心慧語】

「身是菩提樹，心若明鏡台。時時勤拂拭，勿使惹塵埃。」我們的心靈就像一座明亮的鏡臺。如果總是在物象中沉迷，我們的心靈就會被厚厚的灰塵覆蓋，難以散發出奪人的光彩。只有跳出物象的牢籠，我們的心靈才會獲得新生，我們才能與夢想在現實中相逢。

超越外物，和光同塵

世人常言浮生如夢。於是，為了抓住人生短短幾十年如夢的歲月，人們便開始盡情地追尋金錢、名譽、物質享受與愛情，以求在有生之年完成立言、立功、立德的目標。不過，即便是只實現上述「三立」中的一種也需要人們經過大半生的不懈努力。又加之隨著金錢、名譽等的不斷積累，更多的人們開始背棄自己的初衷，離開了最初設定的人生軌道。

佛學大家石屋禪師曾經將人生視為一個大夢。在他看來，醒時做白日夢，睡時做黑夜夢，現象不同，本質一樣，夜裡的夢是白天夢裡的夢，如此而已。一個完滿的人生便需要人們看清外物的本質。任何用單純的物質和虛偽的榮耀支撐的人生就像飄在空中無根的浮雲，時刻都有被顛覆的危險。鏡清禪師將其形象地稱之為「眾生顛倒，己迷逐物」，同時以雨滴為喻開示弟子唯有在超越外物的同時做到和光同塵才能遠離癡嗔煩惱，獲得人生美滿。

有一天，鏡清禪師和門下的僧侶一起打坐。他突然問道：「請告訴我門外是什麼聲音？」

一位弟子回答說：「是雨滴的聲音。」

鏡清禪師說：「這個回答就是世間眾生顛倒妄想的表現。他們已經失去了自己清淨的本性，轉而去追求外物。」

弟子問道：「您到底想表達什麼樣的意思呢？」

鏡清禪師說：「要等到自己不迷失的時候。」

弟子接著問道：「等到自己不迷失的時候，這句話又要表達什麼樣的意旨呢？」

鏡清禪師說：「突破身心的牢籠還是比較容易的，要讓道體透脫才更加困難。」

所謂讓道體透脫就是讓世界的本源從它安住的超悟之境中再脫離出來，重新回到這個聲色紛紜的世界中來。按照自己的所聞所感進行判斷是世人最尋常的習慣。所以，僧人在回答問題時會將自己聽到的雨滴聲作為答案。不過，他所不瞭解的是，雨滴正是人世間聲色物欲的一個縮影。若是眼中只容得下這些，我們便會為外物所迷，成為嗔癡的俘虜，不能看清世間真相。只有在看清世間真相的同時還能回到紛繁複雜的世間去，我們才能真正得到人生的圓滿。這便是和光同塵的真。

和光同塵是遠離癡嗔牢籠、擺脫煩惱的至高境界。若要達到這一境界，沒有一番艱苦的努力是無法實現的。更何況在很多時候我們還會在通往和光同塵的途中受到虛假的自由的誘惑。這是一片用聲色編織的溫柔鄉。在這裡，人們可以充分地享受著「自由」：可以不費吹灰之力就可以從信用卡中提取大筆現金，可以不爭取任何人的同意就可以隨意地購買自己渴望擁有的東西，可以不付出真情就可以與美女約會……然而，它們只是一堆虛幻的泡沫。當從信用卡中不能提出任何一分錢的時候，「自由」之地就開始了崩潰的旅程。

只有當所有的泡沫散盡之後，沉湎於溫柔鄉的人們才會察覺到其實自己早已迷失在聲色編織的虛假繁榮裡。他們懷著失去物質財富的痛苦和一絲僥倖繼續著自己的人生旅程。世間萬事萬物皆處在一個不可分割的整體當中，沒有誰可以離開人間煙火而獨立生存。所以，與世間萬物和諧相處而不過分依賴它們才會為我們帶來福音。若是不能把握好其中的度，痛苦與煩惱將與我們長期相伴。

幸福與物質無關，與欲望無關。不生病，不缺少錢財，做自己喜歡做的事，與家人甜蜜相處就是生活的幸福。

【蓮心慧語】

雪竇禪師說：「虛堂雨滴聲，作者難酬對。若謂曾入流，依前還不會。」世間的聲色物欲就像雨點一樣隨時出現在我們眼前。只有不迷於外物，又與外物和諧相處，我們才能得到人生的圓滿。

第三章　釋懷才能離苦得樂——佛說寬心

【頌】三界無法，何處求心，白雲為蓋，流泉作琴。一曲兩曲無人會，雨過夜塘秋水深。

【評】我們的心始終背負著沉重的枷鎖，不肯放下。如果能夠將這副沉重的枷鎖放下，不再執著於有無是非得失，我們就可以離開痛苦，從此與快樂和自在同行。

世人常言人生苦短。其具體含義主要體現在以下兩個方面：首先，人生如白駒過隙，短短幾十年轉眼即至；其次，人們總愛將無形的枷鎖長留心間，一生遍嘗苦味。正是這副無形的枷鎖使得人們心中多了許多放不下的事情和眾多難以言表的痛苦。唯有敞開胸懷，放寬心量，世人方能離苦得樂。

是非得失皆從容

佛說：「要試圖放寬心量，包容世間的醜惡。人家讚美我，我心生歡喜心，但不為歡喜心激動；也許這歡樂之後，便是悲傷。人家辱罵我，我不加辯白，讓時間去考驗對方……」是非得失時刻都縈繞在我們身邊。若是心靈被是非得失填滿，即使眼前的風景再美，我們也無緣見到。唯有包容這一切，我們才能聞到內心的花香。

遺憾的是，生活中不乏將是非得失奉若神明者。無論是發了財，有了尊崇的地位，還是成為某方面的專家，他們都會表現得趾高氣揚，以強者和權威自居。即使一點小小的成就，也能使他們得意忘形。可是，一旦遭遇失敗，他們馬上就會變得痛不欲生，認為自己就是一個徹頭徹尾的失敗者，甚至會從此一蹶不振。

不過，無論是得意也好，失意也罷，在是非得失面前不能從容鎮定本身就是一種為心魔所困的表現。當心魔開始發揮作用之後，我們就會變成驚弓之鳥，時時被是非得失的變化牽著鼻子走。漸漸地，我們就會變得喜怒無常，自卑和煩惱也會滾滾而至。若要拯救自己的心靈，除了放寬心量、從容應對之外別無他法。雪峰、岩頭兩位禪師就是是非得失皆從容的表率。

當年，雪峰義存禪師還在住庵的時候，曾有兩位僧人專門來拜訪他。雪峰禪師看見他們來了，就用手托住庵門，然後探出身去，對兩位來客說：「是什麼？」僧人也回答說：「是什麼？」聽到這樣的回答之後，雪峰禪師就低著頭走回庵裡去。

後來這兩位僧人又去拜訪岩頭禪師。岩頭禪師問：「你們是從哪裡來的？」兩位僧人回答說：「我們是從嶺南來的。」岩頭禪師問：「你們到過雪峰那裡嗎？」兩位僧人答道：「我們曾經去拜見過雪峰。」岩頭禪師問：「雪峰禪師和你們談了些什麼呢？」兩位僧人就把自己去雪峰禪師那裡的經過複述了一遍。

岩頭禪師聽了之後，問道：「他還說了些什麼？」僧人回答：「然後他就默不作聲。低著頭走回到庵裡去了。」岩頭禪師感歎道：「唉！我真是很後悔原來沒有將末後句告訴他。我如果對他說了，那麼現在全天下的人都奈何不了他。」

當年六月，兩位僧人再次拜訪岩頭禪師，並就那句話再次向岩頭禪師請教。岩頭禪師說：「你怎麼不早點來問？」僧人回答說：「我想大概沒有那麼容易得到答案。」岩頭禪師說：「雪峰雖然跟我同條生，卻沒有和我同條死，你如果想要知道末後句是什麼，這個就是。」

岩頭禪師口中的「末後句」就是徹悟的精華所在。岩頭禪師想要告訴這兩位僧人，他和雪峰禪師雖然體悟到的佛理不同，但是在不受是非得失影響這一層面上卻是心意互通的。而兩位僧人卻沒能從容面對，僅僅因為心中存了一個「沒那麼容易得到答案」的想法就錯過了當面求證的機會，直到很久之後才想到藉由再次請教來解開自己的心結。

佛家認為，凡無執著之心，亦無所憂患。今日的執著或許會帶來明日的悔恨，刻意地追求很可能會生出痛苦。與其和悔恨、痛苦終日相伴，不如從容面對得失，尋找自我發展的正確方向。如此，我們才能告別無窮無盡的擔心與糾結，趕走時時籠罩在心頭的沉重陰影，才能敞開心扉與幸福擁抱。

生活是每個人一生全部的內容。所以，終其一生，人們都對它充滿了美好的追求和嚮往之情。可這份嚮往之情若是過分熾烈就會演變成一種患得患失的心緒。唯有用好人生的減法，減去一切貪欲、煩惱和不善，人生方能平淡從容。

【蓮心慧語】

星雲大師說：「無心不是不用心，而是不計較得失。」將眼前的是非得失都視作過眼雲煙之後，我們就能夠從容淡定地面對它們，並將是非得失帶來的焦慮和痛苦統統趕走，從而再次沐浴幸福的曙光。

有一天，風穴延沼禪師在郢州衙門的堂上講說佛法。他說：「祖師的心印就像鐵牛的玄機妙用一樣。即使是成千上萬的人一起用力，也不能讓祖師的心印動搖。把一切都捨去了，這個心印才能形成。如果對某些東西過於執著，心印就不能結成。要是出現既不捨去也不執著的情況該如何是好呢？是能結成心印還是不能呢？」

當時，一位臨濟宗的禪師盧陂長老走了出來。他對風穴禪師說：「我就有像鐵牛一樣的玄機妙用，也能夠做到在千萬人的力量下不動搖。請師父不必結成心印了。」

風穴禪師說：「我本來想用自己說的一言半語來尋找一個具有大智慧的人，沒想到只找到一個你這樣只有小智慧的人。」

聽了風穴禪師的話，盧陂長老就開始思考話中的深意。風穴禪師突然間大喝一聲說：「長老，你為什麼不說出自己的看法來？」盧陂長老稍微揣摩了一下，剛要開口說，風穴禪師就打了一下拂塵，說：「你還記得我所說的話嗎？說出來看看。」盧陂長老又想開口說話，風穴禪師又打了一下拂塵。

這時，一旁的郢州太守說：「佛法和國法是一樣的。」風穴禪師說：「你究竟領悟到了什

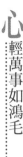

麼？」太守說：「應該當機立斷的時候卻猶豫不決，到最後只會糾纏不清。」聽完太守的話之後，風穴禪師就離開了座位。

「應該當機立斷的時候卻猶豫不決，到最後只會糾纏不清。」這就是風穴禪師想要傳達的道理。在這則公案中，盧陂長老雖然對玄機妙用有了一定程度的領悟，但卻仍是從有分別的意識層面出發來思考問題的。因此，盧陂長老並不能拋開主觀意願對自己的影響，也就不能真正理解風穴禪師的深意。

生活中的許多人身上也有盧陂長老的影子。隨著經濟的發展，物價的不斷攀升，不安全感在許多人的心中悄然而生。這種不安全感擴大了主觀意願對人們本身的影響。人們開始變得疑神疑鬼，變得不敢再輕易相信別人。事情無論大小都會親臨處置，即使遇有特殊情況需要借助他人的力量，自己也要再三囑託每一個細節，唯恐有所遺漏。雖然有時也會自嘲可笑，但是一旦事到臨頭，我們還是毫不猶豫地堅持自己的看法。就這樣，我們的心靈背囊變得越來越重。快樂也離開我們獨自長行。

聖嚴法師說：「禪並不一定是什麼，也不肯定或否定什麼，禪是你要什麼就給什麼。」當負重前行時，我們就會收穫沉重。不斷增加的重量會令不堪重負的心靈堆滿了憤怒和抱怨，無法得到一絲寧靜。與此同時，我們也站在了抉擇的十字路口，路的左邊是放不下的名利得失，右邊是寧靜安詳的生活。

心輕萬事如鴻毛，放空處處是安樂。懂得了放下的真意，也就理解了「失之東隅，收之桑榆」的道理。所以，要想使我們的心得到解脫，關鍵的問題就在於放下什麼，堅守什麼。只有該提起時提起，該放下時放下，我們才能敞開心扉，得到真正的快樂。

【蓮心慧語】

宋代的神照本如禪師曾作了一首《領悟偈》：「處處逢歸路，頭頭達故鄉。本來現成事，何必待思量。」常常費心思量、憂心忡忡並不能帶給我們快樂。當懂得該放下時就放下，該提起時就提起之後，我們就可以達到快樂的彼岸。

心若清淨，吃茶方美

未來是人們在平時聊天時經常出現的一個話題。每當提起未來的時候，人們總是有講不完的憧憬，也有數不清的擔憂，而且出人意料的是，在擔憂的人群中不乏很多平時自我標榜的樂觀主義者。不過，若是仔細想來，他們的態度也並不難理解，只因為未來充滿了不確定性。

未知的事情總是使人們提心吊膽，唯恐有令人失望或恐懼的事情發生在自己身上。當這種擔憂不斷加劇的時候，越來越多的人加入了憂心忡忡的行列。面對此情此景，我們也曾不斷地提醒自己一定要平和淡定，只是心中早已亂成了一團麻，根本無法放下一張名叫安靜的書桌。

濟群法師認為，「心若清淨才能有心思吃茶，才能品味出茶的美好。」我們如果常常杞人憂天，就相當於不停地將沉重的石頭扔進自己的心湖，泛起的漣漪會不斷帶走心頭的平靜。長此以往，心靈的包袱就會越來越沉重，痛苦將與我們一路同行。要想扭轉這種情形，我們就必須為自己的心靈減重。放下心中的重擔，讓自己釋懷是唯一有效的途徑。而鎮州普化禪師就是因為深諳此理才從眾多弟子中脫穎而出，成為師父的衣缽傳人。

鎮州普化禪師是盤山寶積禪師的衣缽弟子。當盤山禪師將要圓寂的時候，他曾經這樣問弟子們：「你們當中有人可以為我畫像嗎？」聽了師父的話，弟子們都非常誠心地開始替師父畫像，並將畫像拿給他看。可是，看過畫作的師父並沒有稱讚這些作畫的弟子，卻嚴厲地呵斥了他們。這時，普化禪師從人群裡走出來，說道：「我能夠將師父的像畫出來。」

盤山禪師感到很奇怪：「那你怎麼不把畫像拿過來讓我看看？」普化禪師隨後就翻了一個跟頭，從人群中跳了出來。見此情景，盤山禪師頗為感慨地說：「你這傢伙以後一定會用驚世駭俗的方法來接引其他人。」

弟子們都為師父畫了像，盤山禪師最滿意普化禪師的答案。原因就在於其他的弟子雖然也是按照師父的吩咐去做，心中想的卻是如何才能博得師父的歡心，而普化禪師就沒有這層心障。正是他心中的這份清淨幫助他參透了師父的深意，所謂畫像不過是為了在弟子中尋找衣缽傳人。心思清淨、思維敏銳是普化禪師成為衣缽傳人的重要保證。

人生就是相對世界追逐與改變的歷程。而身為主角的我們在意識到這一點之前，常會不自知地浮沉於主客、人我、得失、動靜當中。凡是合乎自己標準的就歡欣鼓舞，凡是不合標準的就煩惱叢生。這個世界之所以常常會帶來煩惱與不安，就是因為我們心思不淨，過度地依賴直觀感覺。

在宗寶禪師看來，聖人所以同者心也，凡人所以異者情也。此心彌滿清淨，中不容他，遍界遍空，如十日並照。心思清淨是聖人同心、普通人異情的主要區別。真正的心思清淨並不是逃避世界，也不是極力壓抑心中的念頭或憂慮，而是以自然本性面對這個世界，事來時不惑，事去時不留。我們若能擁有一份清淨的心思，便可卸下心中時刻背負的沉重背囊，找回久違的快樂。

【蓮心慧語】

聖嚴法師說：「有德即有福，無嗔即無禍。心寬壽自延，量大智自裕。」要想得到真正的快樂和福報，我們就要遠離癡嗔的漩渦，放寬自己的心量，積聚自己的德行。只有對心中的煩惱真正地釋懷，我們才能擁有快樂的生活和無窮的智慧。

無我方能包容萬有

圓悟禪師說：「明鏡當台，妍醜自辨。」我們的心就像一面皎潔的鏡子，世上的一切美醜善惡都會在上面一一呈現，分辨得一清二楚。不過，當我們的心成為各種私心雜念的奴隸之後，明鏡也就失去了應有的作用。若想對世界瞭解得更多，洞悉其中的真相，能夠將自己的心空下來，達到無我的境界是最佳的。

無我是佛家的重要教義之一，有「人無我」和「法無我」兩種說法。佛家的緣起理論認為，世間並沒有一個永恆存在的「自我」，也沒有永恆存在的法的主宰者，所有的法都是由種種因緣和合而生，並且處在不斷變化的過程中。唯有做到無我，我們才能做到包容萬物，洞悉事物的真相。這就如同只有口袋空了，才能裝下要裝的物品；只有杯子空了，才能向裡面注水。對於「有」、「無」的過分執著不僅會使我們失去放鬆的心態，還會使我們離事情的真相越來越遠。

據《碧巖錄》記載，趙州禪師就曾接引過一個對有無過分執著的弟子。

有一天，一位僧人來向趙州禪師請教：「禪師，趙州在哪裡呀？」

趙州禪師回答說：「東門、西門、南門、北門。」

僧人說：「我說的並不是河北的趙州。」

趙州禪師問：「那你問的是哪個趙州？」

浮山法遠禪師認為，末後一句，始到牢關。只有講到最後一句話，我們才能明白事情的真正意旨所在。在這則公案中，趙州禪師所問的「你問的是哪個趙州」就是「趙州在哪裡」的關鍵。在提問的僧人看來，趙州分有形和無形兩種，而且他比較認可無形的趙州。實際上，趙州既包括實體的趙州，也包括由實體的趙州產生的相關領悟。提問的僧人過分執著於有無之別，反而沒有看清事情的真相。

世間萬物變化無常，絕對的有無並不存在。就比如，現在是深秋時節，院子裡樹木的葉子都掉光了，光禿禿的，到處都是一片淒清的景象。我們可以說，這就是「無」。可是，一旦春風吹來，草木發芽，院子裡的樹木又會長滿鮮嫩的綠葉，散發出勃勃的生機。這樣，原來我們眼中的「無」又變成了「有」。由此可見，「有」和「無」並不是完全對立的。所以，若想使自己寬心，不被五花八門的表象所迷，最好的選擇就是時刻注意用無我的境界包容一切，對「有」「無」不過分執著。道樹禪師就是這方面的典範。

有一次，道樹禪師在一座道觀的旁邊建了一座住持的寺廟。道觀裡的道士們很不高興。於是，他們就想盡辦法想將道樹禪師和僧眾們趕走。果然，一段時間之後，廟裡年輕的小沙彌們都被嚇跑了。可是，道樹禪師卻不為所動，在自己所蓋的寺廟裡一住就是二十多年。道士們感到很奇怪，但是也沒有任何辦法，最後只得搬家。

後來，有人問道樹禪師：「禪師，你是怎麼勝過那些法術在身的道士們的？」

道樹禪師只回答了一個字：「無。」

隔壁的道士總是搗亂，道樹禪師卻不為所動，最根本的原因就在於他守著對有無不過分執著的態度。無論是身邊的沙彌都被嚇跑了也好，還是道士們總是惡作劇也好，他都始終保持一顆包容的心。正是這顆包容之心促使他在道觀旁邊安然地度過了二十餘年。

其實，公案中的道觀之爭便是世間每個人人生的縮影。唯有以無我的境界自許，並且懷有一顆包容之心，我們才能不被莫名的煩躁和苦惱糾纏，才能真正地過上舒心快樂的生活。

【蓮心慧語】

佛說，心包太虛，量周沙界。我們的心如果能夠像虛空一樣，就可以容下整個世界。所以，我們要善於包容，不過分執著於有無。唯有包容，才能使我們遠離煩惱和痛苦，才能使我們安享自在的生活。

心靜，則事事無礙

現代社會已經進入了一個速度與浮躁並舉的時代。一方面，工作和生活的節奏在以幾何倍數增長著，物質水準越來越高；另一方面，身為整個社會中間力量的我們卻變得越來越不安。整個人就像不停旋轉的陀螺，耐心、冷靜、腳踏實地變少了，急躁、盲目和急於求成卻變多了。然而，我們卻很少停下來觀照自己的內心。憂鬱和急躁逐漸成為了最流行的文明病。

每逢憂鬱和急躁大舉襲來，大多數人總會選擇退避三舍。非常遺憾的是，示弱並不會換來它們的妥協。長此以往，我們就會失去對事情真相和發展情勢的判斷力和掌控自我的能力，並最終成為它們的俘虜。

佛說，心靜則萬物莫不自得，心動則事相差別現前。若想達到動靜一如、心境俱忘的境界，關鍵就在於人們是否能夠去除差別和妄想。不過，現實生活中的我們卻為了避免自己在激烈的競爭中落敗，總是將大部分時間用於追趕社會發展的速度，加強自身的競爭力，而沒有為思索問題的本質和觀照自我的內心預留足夠的時間。

正是觀照自我內心時間的缺失造成了對事情真相與發展情勢的判斷力與自我掌控能力的缺失。如果能夠及時地靜下心來，傾聽自己內心的聲音，我們就能夠從憂鬱和急躁中脫身而出，融合主客觀的認識，達到事事無礙的境界。佛學大師道吾宗智禪師對此有著深刻的體悟。

有一天，雲岩曇晟禪師問道吾宗真禪師：「請問大慈大悲的菩薩為什麼會有那麼多的手和眼呢？」

道吾禪師回答道：「這跟人們在夜裡背著手摸枕頭是一樣的。」

雲岩禪師說：「這樣我就明白了！」

道吾禪師問：「你明白了什麼？」

雲岩禪師說：「遍身都是手眼。」

道吾禪師說：「你講的不錯。不過沒有將意思全部講出來，只講出了其中的八成。」

於是，雲岩禪師就問道吾禪師：「師兄是怎樣理解的呢？」

道吾禪師回答說：「通身都是手眼。」

一個是「遍身都是手眼」，一個是「通身都是手眼」，為什麼道吾禪師的解說就是事事無礙境界的真諦呢？原來，雖然只有一字之差，二者卻有著本質上的不同。「遍身都是手眼」是以有分別的主觀意識作為出發點的，還會有憂鬱、急躁等癡嗔之心的干擾；而「通身都是手眼」則是從自然本性出發，已然達到了清淨澄明、動靜一如的無差別境界。其中人們在夜裡背著手摸枕頭的情形就是心靜的表現，同時也是人們自然本性的流露。又因為佛家提倡「至道無難，唯嫌揀擇」，所以道吾禪師提出的擁有一顆通身是眼的真心就是達到事事無礙境界的最佳路徑。

寧靜生發慧根，急躁催生昏暈。儘管生活中有許多令人手忙腳亂甚至迷失自我的事情，但是只要擁有一顆通身是眼的真心，保持澄明清靜的心境，我們就可以清晰地瞭解事情的前因後果，從而做出最合情合理的決斷。

【蓮心慧語】

《華嚴經》中說：「菩薩清涼月，常遊畢竟空。眾生心垢淨，菩提月現前。」這是一種清靜美妙的境界。若能始終保持寧靜淡雅的心境，我們就可以很輕易地跨越前進途中遭遇的種種障礙，就可以順利地達成長久以來的心願，收穫歡樂放鬆的心情。

徹悟的金婆羅花開在心中

一行禪師認為，人生就像一條小河，需要不斷地穿過山丘，穿過樹林，穿過草地，來尋找自己前進的方向。當閱歷不斷成為點綴時光的繁花時，我們的人生也便寫滿了各種各樣的故事，只是這些故事卻像美酒一般令人沉醉。然而，不久之後，我們就敏感地覺察到它們帶來的滿足和喜悅感持續的時間是如此之短。煩惱和憂鬱很容易就可以翻過它們鑄就的防線。於是，為了將短暫的滿足和喜悅留住，我們開始極力地壓抑自己的惡劣心緒。

不妙的是，惡劣的心緒越是壓抑，痛苦的感覺就越強烈。很快，積聚下來的惡劣心緒就成了每日都沉甸甸地壓在肩頭上的大包袱。而終日負重前行的我們也會在時光的繁華中變得日益麻木，甚至會在對物象的無限追求中迷失自我。當這一天到來的時候，人生之河就將被徹底污染。到底該如何做才能拯救生命之河呢？

佛經上曾記載了這樣一個故事：有一天，大梵天王在靈鷲山上請求佛祖釋迦牟尼講解佛法。眾人在施過禮後，將一朵金婆羅花獻給佛祖做禮物。佛祖將花拿起來，神態安詳地看著眾人，沒有開口講話。大家都覺得佛祖的舉動很奇怪，互相張望著交換眼神。此刻，只有迦葉輕輕地笑了一下。於是，佛祖宣佈迦葉將繼承自己的佛法，並將自己的袈裟和缽盂傳給了迦葉。

這就是著名的「拈花微笑」的故事。在座眾人看到的都是佛祖的表象，而迦葉看到的是佛祖的內心。所以，迦葉破顏一笑。如果這朵代表著徹悟的金婆羅花能夠開在心中，我們就可以不被各種心結所擾，找回真正的自己。常以「吃茶去」開示眾人的趙州禪師就是一個心中綻開金婆羅花的人。

有一天，趙州禪師用三祖僧璨的《信心銘》來開示弟子們：「至道無難，唯嫌揀擇。如果你要開口說話，那就是揀擇，就是分別。我並不在這個分別的境界中。如果是你們，你們還會想愛護照顧這個境界嗎？」

當時，有一位弟子問道：「既然沒有在分別的境界裡，那還要愛護照顧什麼呢？」

趙州禪師說：「我也不知道。」

弟子接著問道：「既然師父不知道，那為什麼還要說不在分別裡？」

趙州禪師回答：「你如果問事境上的事，我就知道了。」

僧人聽了回答之後，就向師父施禮退下了。

趙州禪師之所以強調「若是事境上的事就知道了」，就是因為他想要弟子們明白：只有無分別的心性才能避免各種心結的產生，才能達到至道的境界。

雪竇禪師說：「至道無難，言端語端，一有多種，二無兩般。」生活中有無數美麗的風景。風吹樹動、浪起船高、春生夏長、秋收冬藏皆在其中。我們如能用簡明扼要的方法去體悟它們而不受到任何打擾，就可以跳出原有視野的限制，並可以從眼前深沉靜謐的山色中感知山下溪水的淒冷。到達如此境界之後，言語就失去了原有的效用，我們的身心也完全融為一體，不再有心結的打擾。只有化繁為簡，我們才能瞭解事物的真相，才能讓徹悟的金婆羅花綻放在心中。

【蓮心禪語】

慧律法師說：「沉溺於後悔，巧言善辯，眷戀，以及猶豫不定。要知道這五種情緒是大盜賊，他們盜取了你無限的增上財富。」世間紛繁複雜的風景正是這五種情緒的滋生地。唯有越過眼前的藩籬，不受似錦繁花的打擾，我們才能敞開心扉，順意而行。

保持一顆赤子之心

一休禪師有名叫做珠光的弟子。珠光因為有打盹的習慣經常在公共場合失態。為了解決這個問題，珠光在醫生的指導下開始喝茶。久而久之，他漸漸喜歡上了喝茶，並創建了獨一無二的茶道，被人們稱為「茶祖」。有一天，一休禪師問珠光：「你在用什麼心態喝茶呢？」

珠光回答說：「是為了健康。」

於是，一休禪師向珠光提起了趙州禪師「吃茶去」的典故，並徵詢珠光的看法。

珠光沒有作出回答，只是沉默不語。

隨後，一休禪師請侍者送來一杯茶。當珠光剛剛將茶杯捧在手中時，一休禪師突然間將珠光手中的茶碗打翻了，而珠光卻一動不動沒有任何反應。

過了一會兒，珠光起身向一休禪師道謝，準備離開。

一休禪師叫道：「珠光！」

珠光回頭答道：「弟子在！」

一休禪師問道：「我剛才把你手中的茶杯打落了，你還有茶喝嗎？」

珠光做了一個雙手捧杯的姿勢，然後回答道：「弟子還在喝茶呀。」

一休禪師還不準備放過他，追問道：「你都要離開這裡了，怎麼可能還在喝茶呢？」

珠光誠懇地回答：「弟子到那邊吃茶！」

一休禪師繼續問道：「我問你喝茶時有什麼心得，你只知道這邊喝，那邊喝，一點心得都沒有。你這種無心喝茶是什麼道理呢？」

珠光非常沉著地回答說：「喝無心茶，眼前盡是花紅柳綠。」聽到這樣的回答，一休禪師非常高興，就將印可頒給了珠光。這樣，珠光就完成了新的茶道。

珠光的「無心茶」與趙州禪師的「趙州茶」有著異曲同工之妙。無心茶就是清涼的茶，平和的茶。在珠光看來，正因為無心之茶不拘於具體的物象，所以喝茶之人才能看到花紅柳綠的世間萬象。人們如果能夠達到這個境界，就會徹悟人生，就擁有了一顆赤子之心，就不會被成見、煩惱和痛苦打擾。

擁有赤子之心的人往往擁有別人意想不到的幸福。他們的心就如明鏡一般，既不會有任何喜怒哀樂在上面留下痕跡，也不會對某個人或某件事心心念念。因此，物欲和心魔都離他們很遠。另外，他們還從來不會去懷疑人們的誠意，一切事情只是順其自然。這樣，痛苦和煩惱便不會留駐心間。著名的禪學大家趙州禪師就是這樣一個心靈澄澈、胸襟寬廣的人。

有一天，一位僧人向趙州禪師請教：「大師，請問一個剛剛出生的嬰兒會有第六識嗎？」

趙州禪師回答說：「就好像在湍急的水中打球一樣。」

僧人不能理解趙州禪師的深意，就跑去向投子禪師請教：「禪師，請問就好像在湍急的水中打球一樣這句話是什麼意思呀？」

投子禪師回答說：「意識就如同在水面上漂浮的球一樣，在很短的時間內就能隨著水流漂出很遠。」

僧人所說的「第六識」就是意識。嬰兒雖然擁有主觀意識，眼睛能看到東西，耳朵也能聽到聲音，但是並不會像成人一樣去分辨身邊事物的好壞長短與是非得失。他只是「無心」於身邊之物。這種「無心」恰恰是體悟大道的必經之途。由於嬰兒在古代又被稱為赤子，因此，擁有一顆赤子之心是我們遠離恥辱、功名和逆境帶來的痛苦的重要保障。

每一個擁有赤子之心的人都有著世間最清新、最自然的面孔。當以清新自然的面孔面對這個世界時，我們就會感到無比的舒適和放鬆，就會脫去身上所有的偽裝和雕飾，流露出自己本來的天性。心靈的泉水會由此變得更加清亮澄澈，保有赤子之心的我們也會告別長久以來緊緊相隨的苦惱，享受以往無法想像的快樂。

【蓮心慧語】

雪竇禪師說：「六識無功伸一問，作家曾共辨來端。茫茫急水打毬子，落處不停誰解看？」

一個人修行到最高境界時，就會跟嬰兒一樣。保有一顆赤子之心是最好的修行法門。這樣，我們就可以放下所有的煩惱和痛苦，盡情安享生活中的快樂。

第四章　迷中不執著，悟中有受用——佛說伏惑

【頌】祖域交馳天馬駒，化門舒卷不同途，電光石火存機變，堪笑人來捋虎鬚。

【評】不自信是一切疑惑產生的根源。若能懂得判別休咎、辨別黑白，我們就能跨過一切羈絆，跳出虛妄的漩渦，找到解除迷惑的方法，發出自己的聲音。

佛說：人生有八苦，生，老，病，死，愛別離，怨長久，求不得，放不下。雖然世人皆喜平安順遂，幸福圓滿，但這「八苦」卻總是與我們緊緊相隨。幾乎每個人都曾有過愁眉不展、心緒大亂、雜念叢生的時刻。不過，我們若是能做到迷中不執著，悟中有受用，就可以很容易地撕開迷津織就的羅網，完成心靈的修行。

放下心中的「怕」

迷惑於我們而言，就如一隻到處發出刺耳叫聲的蚊子，不僅令人心煩，還令人疑竇叢生。於是，為了紓解心中的迷惑，我們不得不時常透過各種方式來探查自己是否真的犯錯。然而，探查的結果卻大大出乎原來的意料，這種令人心魂不安的懷疑不僅沒有消除，反而像雪球一樣越滾越大，並且有失控的趨勢。於是，心力交瘁的我們只好在心中默默祈求不要再有新的迷惑出現。

遺憾的是，事態並沒有按照預想中的情形發展。它不僅帶來了新的迷惑，還帶走了大家引以為傲的獨立見解。備受打擊的我們也便由此陷入了難以擺脫的困境。如何才能脫離迷惑的漩渦呢？梁武帝見達摩的故事或許能為我們提供相應的啟示。

達摩大師西來之後，有一次得到了梁武帝的接見。一見面，梁武帝就問：「大師，真諦（精妙的道理）和俗諦（淺顯的道理）融會貫通而成的聖諦（神聖的道理）的第一要義是什麼？」

達摩大師回答：「廓然無聖！」

梁武帝接著又問：「現在在我面前的人是誰呢？」

達摩大師回答：「我不認識。」

由於梁武帝不能領悟達摩大師所說的話的宗旨，於是達摩大師就渡江北上，到北方的魏國去了。後來，梁武帝將這件事告訴了誌公和尚。誌公和尚問梁武帝：「皇上，那您還認得這個人嗎？」梁武帝也回答說：「不認識。」

誌公和尚說：「這個人其實就是觀世音菩薩。他是特地到我們國家來傳授以心印心的佛法的。」

梁武帝一聽感覺到很後悔，就想派人將達摩大師請回來。

誌公和尚勸道：「別說皇上派人去請他，他不會回來。即使是我們全國的百姓都去請他，他也不會回來。」

據史書記載，達摩大師此次來梁國是為了尋找自己的衣鉢傳人。梁武帝因為不知內情就放他北去魏國了。誌公和尚提醒了梁武帝。當梁武帝準備去追達摩時，誌公和尚卻又勸梁武帝說不必。在這裡，梁武帝的態度很值得玩味。

作為有名的崇佛皇帝，梁武帝對於佛家人士一向推崇，可是當真正的高僧出現時卻表現得前倨後恭，究其原因還是由迷惑所致。無論是關於「廓然無聖」，還是關於不識面前之人，達摩大師的見解都與他以往接觸到的佛理大不相同。正是這種由見解不同帶來的迷惑使得梁武帝不能領悟達摩大師的真意。同時，它也是誌公和尚規勸皇帝不必尋回大師的真正原因。

生活中同樣不乏像梁武帝一般由於見解不同而心生疑惑的人。他們一方面對自己的見解表現出充分的自信，另一方面在聽取了他人的建議之後又會對自己的見解生出猜疑之心。於是，從這一刻開始，不自信和懦弱就會在心中瘋長，自己也不得不時常忍受著來自各方的壓力。如想改變這種現狀，我們就需要放下心中的「怕」，勇敢地發出自己的聲音，謹慎地對待別人的看法。

人生之旅雖然寬闊，途中旅伴雖然眾多，但始終在場的只有我們自己。所以，當困難、得失、苦樂、迷惑來襲時，獨立面對問題並及時想出解決的對策便成為我們的不二之選。倘若做了懦夫就會成為自己最大的敵人，因為堡壘總是從內部被攻破。唯有亮出自己的聲音，放下心中的「怕」，我們才能找回自己清明的心，找回久違的快樂。

【蓮心慧語】

佛說：參禪何須山水地，滅卻心頭火自涼。一切迷惑都是從心而起，從自身而起。唯有發出自己的聲音，建立起充分的自信，驅逐懷疑的思想，我們才能點起自己的希望之燈，才能安享快樂無憂的生活。

只要心安，生活便有平安

很多時候，我們會把問題看得很簡單，以為不過如此，於是便開始放心大膽地按照自己的既定方案推行。遺憾的是，事情還未進行到半程，意外的情況就出現了，自己卻束手無策。前方仍然迷濛一片。如何才能順利地穿過重重迷霧呢？

佛說，人生本是苦海，人生亦有妙境。人生的旅途中既有平坦如斯的大路，也有崎嶇陡峭的小道。聰明的人既嚮往大路的四通八達，也欣賞小道的美麗風景。這小道便是產生迷惑的種種障礙和陷阱的化身。當將所有的阻礙都當成線索，把所有的陷阱都看作自己前進的必經之路時，我們就可以順利地穿過迷惑之林，保持一顆澄明之心。《碧巖錄》中就有烏臼（臼[ㄐㄧㄡˋ]）禪師就此指引前來求學僧人的記載。

有一位定州石藏和尚門下的僧人去拜訪烏臼禪師。

烏臼禪師問他：「定州石藏禪師所講的佛法和我這裡的有什麼不同呢？」

僧人回答說：「沒有什麼不同。」

烏臼禪師說：「既然沒有什麼不同，你就再回到石藏那裡去吧。」說著就打了僧人一棒。

僧人說：「棒頭上有眼，不能隨便打人。」

烏臼禪師又打了他三下。僧人就走了出去。烏臼禪師說：「原來有人可以接受委屈的棒打。」

僧人回答說：「那是因為棒子握在和尚的手裡。」

烏臼禪師說：「如果你願意，我就把棒子交到你手中。」

僧人向前就把烏臼禪師手中的棒子搶到自己手中，打了烏臼禪師三下。

烏臼禪師說：「屈棒！屈棒！」

僧人說：「有人得吃！」

烏臼禪師說：「我只是草草地打了你這傢伙呀。」

於是，那位僧人就向烏臼禪師施禮。

烏臼禪師問：「你這樣就要走了嗎？」

僧人哈哈大笑著走出去。

烏臼禪師說：「用得著那樣！用得著那樣！」

在這則公案中，烏臼禪師手中的棒子成為了他與求學的僧人之間主動權的分水嶺，它便是阻礙的化身。起初，求學的僧人就是因為禪師棒子在手而不敢說出自己的觀點，而當棒子掌握在自己手中時，原來的阻礙就不存在了，掌握了主動權的僧人反而打了烏臼禪師三下。

這位求學僧人的舉動便是我們學習的楷模。前行之路並非一帆風順，途中常會有一些意想不到的情況出現。它們不僅像一座橫亙在心中的高山，常常令人手足無措，還會對我們的情緒產生潛移默化的影響，成為展示焦躁、煩惱和迷惑力量的舞臺。如果不能及時消除它們的影響，我們便會在心靈重壓和迷惑等的數面夾擊下迷失自己，陷入無法自拔的深淵。

圓悟禪師說：「靈峰寶劍，常露現前，亦能殺人，亦能活人。」一個人若能擁有明心見性的智慧，就好像靈峰寶劍經常出現在眼前，它能殺人，也能活人。當靜下心來，放下心中的種種不確定，從客觀實際出發時，我們就能越過心中的障礙，解除自己當前的困惑。

【蓮心慧語】

寒山禪師說：「一住寒山萬事休，更無雜念掛心頭。閒書石壁題詩句，任運還同不繫舟。」當無法超越一切阻礙和羈絆時，雜念就會充溢於心頭，苦惱和迷惑就會乘虛而入。若是靜下心來，我們就可以趕走心頭的雜念，超越一切阻礙和羈絆，享有平安的生活。

沉舟側畔千帆過，轉念之處生新顏

一次，佛陀帶領弟子們去城中講解佛法。回來途中，師徒幾人見到一位牧人正趕著一群歡快跳躍的牛。見此情景，佛祖有感而發，便說了一個偈子：

譬人操杖，行牧食牛；老死猶然，亦養命去；
千百非一，族性男女；貯聚財產，無不衰喪；
生者日夜，命自攻削；壽之消盡，如熒穿水。

回到住處之後，阿難就請教佛陀：「師父，您在回來途中所講的偈語，我不能完全領會其中的真諦，請您開示。」佛陀問道：「在回來的路上，你是否注意到一位牧人趕著牛群回城？」阿難回答：「是的。」佛陀說：「這群牛的主人是屠戶之家。他們在牧草豐美的地方放牧就是為了挑選最肥壯的牛，宰殺賺錢。可是這群牛卻渾然不知。我是感傷於牠們的無智才說的。」

佛陀這首偈子看似說牛實則喻人。牛兒每天吃著鮮美無比的牧草就感覺到非常高興，也有很多人喜歡在自己對世界的妄解中舒服地生活。只是當事情的真相出現之時，他們才會悔恨不已，並驚訝地發現自己竟然沒有辦法走出眼前的困境。突如其來的變化讓他們無所適從。此刻，舊有的思維方式已經打破，新的思維方式卻還杳無蹤影。因此，等待他們的只能是交織著依戀、執著與混亂的內心世界和手忙腳亂地疲於應付。

憨山大師有言：「我執即心執，心執則物迷。」執著於舊有妄解是人們跌入迷惑困境的最大誘因。若能放下執著，轉變自己的思維方式，我們便可以尋到走出困境的路徑。雲門文偃禪師對此有著深入的見解。

雲門文偃禪師曾經在睦州道明禪師的引導下開悟。離開睦州禪師之後，雲門禪師在陳操尚書家住了三年。後來，睦州禪師又指引雲門禪師到雪峰禪師那裡去。

到了雪峰禪師所在的寺廟，雲門禪師便從聽法的人群中走出來，向雪峰禪師請教：「禪師，什麼是佛？」

雪峰禪師說：「不要說夢話！」

雲門禪師向雪峰禪師施禮之後，就在寺廟中住下，一直住了三年。

有一天，雪峰禪師問他：「你的見解怎麼樣了？」

雲門禪師回答說：「我的見解跟諸佛祖師比起來一點也不差。」

從詢問「什麼是佛」到「我的見解跟諸佛祖師比起來一點也不差」，雲門禪師實現了由舊有思維方式到融會貫通的新思維方式的轉變。當向雪峰禪師詢問「什麼是佛」時，雲門禪師還沒有深刻地體會到佛是用「以心印心」的方式來流傳的。當他自信地說出「我的見解跟諸佛祖師比起來一點也不差」時，雲門禪師已經完全擺脫了舊有妄解對他的影響，進入了融會貫通的境界。

佛家認為，眾生之間都是平等的。當妄解之心生出時，我們就與萬物分開了。迷惑和煩惱也由此而生。只有將妄解之心斬斷，放下對舊有妄解的執著，轉變自己的觀念，我們才能擺脫迷惑和痛苦，才能找回久違的快樂。

【蓮心慧語】

憨山大師在《母子銘》中說：「我見我母，如木出火。木已被焚，火元無我。」我們如果無法放下對舊有妄解的執著，就只能與迷惑和痛苦為伴。唯有勇敢地斬斷妄解之心，轉變自己的思維方式，我們才能安享逍遙自在。

只有自己才能收留自己

很多時候，我們更願意相信別人，無論是做了什麼事，或是有了什麼新想法，都喜歡在第一時間與他們分享，並希望得到他們的肯定。倘若沒有聽到相應的評判就會悵然若失。長此以往，我們便會失去命運的掌控權，變成依附他人的葛藤。

與此同時，等待我們的還有另一層隱憂。當不再有人樂於充當評判者的角色時，數不清的困惑就會在瞬間襲來。從來不曾與它們正面交鋒的我們將會遭遇無數的煩惱和痛苦，並可能在種類繁多的物象中迷失自己，在心魔的猛烈攻擊下成為它順從的奴僕，在痛苦的深淵中無法自拔。所有的一切都會令我們走進人生的瓶頸。若想從人生的低谷中走出，從自身出發，培養自身的能力是我們唯一需要做的。無數佛經中的經典故事都是這條真理的明證。

古時有一個富翁。他有好幾個兒子，但是兒子們卻都好吃懶做。富翁快要離開人世時，將兒子們叫到了自己床前：「我在屋後面的地裡埋了好幾甕銀子，我死後你們就可以把它們挖出來用了。」兒子們很高興。

富翁死後，兒子們就立刻拿起鋤頭去屋後的地裡挖銀子。可是，他們從早忙到晚，把屋後的幾十畝地都挖遍了，卻還是沒找到銀子的影子。接下來的幾天，他們又從頭到尾挖了好幾遍，仍然還是一無所獲。幾個人感到很沮喪。

眼看著播種的季節已到，兒子們無可奈何地將糧籽撒到了地裡。誰知這一年四里八鄉都歉收，只有富翁家地裡的莊稼長得最好。原來是因為他們已經將土地翻了多次，對秧苗的生長非常有利。

直到這時，他們才明白，原來父親並沒有說謊，土地就是父親留給他們的銀子。

故事中的兒子們原本就是依靠父親好吃懶做的人，可是在自己深挖的土地上獲得糧食的大豐收之後就變成了自食其力的人。尤其是在悟出「土地就是父親留下的銀子」之後，他們就已經具備了辨別事物的能力。

《法句經》上記載：「勿以善小而不為，勿以惡小而為之；水滴雖微，漸盈大器。」要想徹底擺脫對別人的依賴，消除迷惑的隱憂，我們就需要懂得判別休咎，辨別黑白，就需要開闊自己的視野，從小事開始一點一滴做起。據《碧巖錄》記載，百丈懷海禪師對此有著深刻的體悟。

有一次，一位僧人問百丈懷海禪師：「師父，什麼樣的事可以算得上是奇特的事情？」

百丈禪師回答：「成佛作祖就像獨坐在百丈山大雄峰上一樣。」

僧人聽後向百丈禪師施禮。百丈禪師便向他打去。

在這則公案中，詢問的僧人和百丈禪師均是深解對方深意的人。奇特的事情本來就是小事一段，而百丈禪師將它與成佛作祖聯繫起來。僧人明白了百丈禪師所提的境界，就向他施禮。百丈禪師也用打向僧人的一棒來向他表明自己已經明白了他的意思。

百丈禪師和這位僧人之間的來往說明雙方都是懂得休咎、辨別黑白的高手。世間萬物紛繁複雜。我們只有具備辨別事物的能力，才能擺脫迷惑帶來的心魔，才能以一種獨立的姿態屹立於自己的人生舞臺，安享久違的自在。

【蓮心慧語】

憨山德清大師曾經寫下了這樣一首詩：「學道容易悟道難，不下功夫總是閒；能信不行空費力，空談論說也徒然。」沒有人希望自己迷惑，沒有人阻止你成功。只有自己才能收留自己。只要懂得判別休咎，辨別黑白，我們就可以辨別事物的真偽，遠離迷惑，不再依靠別人來決定自己的未來。

自拈自弄，片片好雪落別處

圓悟禪師說：「單提獨弄，帶水拖泥；敲唱俱行，銀山鐵壁。」自拈自弄的人，真正遇到事情的時候，往往表現得拖泥帶水，敲打禪床；評提機鋒的時候，也好像遇到了銅牆鐵壁。生活中也不乏這樣的人。他們總是對自己的見解非常信服，而不去參考他人的意見。一旦事到臨頭，他們又會迷惑連連，裹足不前。

龐居士在拜訪佛學大家藥山惟儼禪師時就曾遇到了這樣的自拈自弄者。有一次，龐蘊居士去藥山面見藥山惟儼禪師。住了幾天之後，龐居士便向禪師辭行。禪師派了十多位自己坐下的弟子去送龐居士。走到山門的時候，龐居士指著天空中正飄著的雪花說：「好雪片片不落別處。」

有一位送行的禪僧說：「落在什麼地方呀？」

龐居士打了這位禪僧一掌。

禪僧說：「居士，你不要太輕率！」

龐居士說：「像你這樣的人還能稱得上是一位禪者？閻羅王不會放過你的。」

禪僧回答道：「你認為要怎麼樣呢？」

龐居士又打了禪僧一掌，然後說道：「要達到眼睛雖然看到，卻像瞎子一樣；口在講話，卻像啞巴一樣。」

佛家悟道的境界可分為三重：第一重境界是「見山是山，見水是水」，第二重境界是「見山不是山，見水不是水」，第三重境界是「見山仍是山，見水仍是水」。若能達到第三重境界，修行者就可以達到返璞歸真的境界。這是第一重境界遠遠不能比的。

在這個故事中，龐居士已經達到了第二重境界，而對答的禪僧尚在第一重境界徘徊。境界的

高下之別使得禪僧落在下風。不過，這並非禪僧落敗的根源所在。禪僧落敗的真正根源就在於他是一個典型的自拈自弄者。他所關注的只是事物的表象，而龐居士關注的卻是事物表象背後的實相。正是關注點的差異造成了雙方境界上的差異。這也是禪僧始終不能徹悟的終極原因所在。

自拈自弄是一把雙刃劍，既可以活人，也可以殺人。它為人們提供了一種認識萬物的方法，同時又不斷將新的迷惑帶給人們。當對事物的認知要求不斷提高，超越了自拈自弄的極限時，我們就會像故事中的禪僧一樣，即使明知道別人的意思，卻仍然不能解除自己心中的疑惑。

佛家非常重視人我關係的圓融。堅持自拈自弄的人最終將進入一個無法突圍而出的死胡同。如果不能在思考的時候加入他人的聲音，久而久之，我們就會陷入一種自己主觀製造出來的虛空，而這種虛空不過是一種假解脫。

也許，這是因為你從潛意識中害怕過於聽信他人的言語會失去自己的主見所致。其實，聽取不同的聲音也非常重要，只是要把握好一個度的問題。在保持獨立思考習慣的同時善於吸取他人意見中的優點，我們就能遠離迷惑，形成自己獨立的見解；若是對他人的意見耿耿於懷，過於執著，事情的實相就會從眼前溜走，就連我們自己也會從一個極端走向了另一個極端。

所以，面對眼前的事情，我們無須過於迴避他人的意見，只要靜下心，認真分析情況，並綜合他人與自己見解的優勢所在，便可以看清事物的實相，趕走自拈自弄帶來的迷惑。

【蓮心慧語】

證嚴法師說：「以理性的心態面對問題，放下得失心，轉個心念，心寬天地就寬，凡事都只是一個想法而已，觀念若能打開，處處都能遇到貴人。」自拈自弄在突破了領悟的第一種境界後就將成為我們認知途中的障礙。只要能敞開自己的視野，平衡好他人看法與自身見解之間的度，我們就能遠離迷惑，享受歡樂。

開一張伏惑的「心藥方」

產生迷惑的原因很多，有人是對於他人的意見過於依賴，有人是陷入了妄解和羈絆的漩渦，有人是不懂得要看清事物的實相，有人是怕重蹈過於依賴他人意見的覆轍。然而，這一切歸根結底都是因為我們的心。

佛家認為世間有四聖諦，分別是苦、集、滅、道。這是佛祖教導我們離苦得樂，解決宇宙人生的方法。如果說起苦產生的原因，不外乎以下幾種關係的調和不暢：一是我與物之間的關係，二是我與他人之間的關係，三是我與自身的關係，四是我與心的關係，五是我與見的關係，六是我與自然的關係。而這一切的不順暢都是因為我們的心中已經有了種種分別、執著和妄想。所以，在面對反覆多變的世間萬物時，我們才會變得患得患失，迷惑顛倒，煩惱重重。

我們的心性是變化無常的。今天自己高興，就什麼善事都願意去做；明天自己心中不悅，就想報復惹怒自己的一切人和事。儒家學說將這種現象概括為「愛之欲其生，惡之欲其死」，並且指出這就是惑的來源。其實，在如今浮躁嘈雜的環境中，我們心中充滿了這些剪不斷理還亂的惑，心中早已容不下一張安靜的書桌。若要打開心中的結，唯有參究自己的心地，察覺自己真正的追求。趙州禪師就此有著深入的見解。

有一次，趙州禪師在寺廟中打坐。突然間，使者闖進來向他報告：「大王來了。」

趙州禪師吃了一驚，忙向門口看了一下，說道：「大王萬福！」

侍者見趙州禪師驚慌失措地施禮，就對他說：「和尚，大王還沒有來。」

趙州禪師說：「你又說來了。」

在這則公案中，侍者只知道向趙州禪師通報客人來了，卻沒有注意趙州禪師真正追求的是什麼。在侍者報告之前，趙州禪師一直在打坐。當侍者來通報之時，趙州禪師才手忙腳亂地向大王問好。儘管大王並沒有來，我們卻可以由此看出趙州禪師一心都在悟道之上。

一心悟道的趙州禪師便是一位典型的深知自己心地之人。可惜生活中的大多數人卻是普遍地隨波逐流。比如今天我們在街上買了一個做工精美、價錢公道又古色古香的花瓶。這時一位來訪的朋友仔細端詳之後告知這是一件高仿品。於是待這位朋友走後，剛才視若珍寶的花瓶就變成了一地碎片。然而，隨後來訪的朋友卻看著一地碎片惋惜地說：「多好的宋代鈞瓷！」聽聞此言，我們不禁心中暗自後悔不該一時衝動。伴隨著兩位朋友的來訪，花瓶本身雖說沒有發生什麼實質性的變化，身分卻已變了兩次，這並非花瓶本身的問題，而是自己的心地在作怪。我們在買花瓶之初就將極強的功利心給予其上。所以，第一位朋友的話一下子就啟動了潛藏的疑惑之心；而當它被認定為贗品之際，又有一位朋友指認花瓶是珍品，一股悔恨之情又會油然而生。於是，我們就掉進了一個無法走出的迷局。此刻，要想從迷局中走出，唯一的途徑就是要參究自己的心地，找出自己的真正追求。

星雲大師認為，我們之所以會為迷惑所困是因為我們的心病了。為此，他開出了一副醫治我們內心的「心藥方」：「好心腸一條，慈悲意一片，道理三分，敬人十分，道德一塊，信行要緊，老實一個，中直十成，豁達全用，方便不拘多少。此十味藥，用包容鍋炒，用寬心爐燉，不要焦，不要躁，去火性三分，於整體中研碎，三思為本，鼓勵做藥丸，每日進三服，不限時，用關愛湯服下。」我們如果能夠按照這張「心藥方」來醫治我們的心，很快就能見效，很快就能解開心中的死結，奔向快樂溫暖的懷抱。

【蓮心慧語】

慧律法師說：「欲行平坦路，先令平其心。」最不聽話的就是我們的心。我們只有參究自己的心地，瞭解自己真正的追求，讓自己的心保持在一種平和寧靜的狀態中，才能不為名利所動，不為迷惑所迷，享受快樂的生活。

千淘萬漉雖辛苦，吹盡黃沙始到金

雪峰禪師有好長一段時間內到處做飯頭（僧寺中管廚房之人），目的只有一個，就是希望能夠悟道。當他在洞山禪師那裡做飯頭的時候，有一天洞山禪師問他：「你在做什麼？」

雪峰禪師回答：「淘米。」

洞山禪師又問：「你在淘米的時候是把米留下把沙子扔掉，還是將沙子留下，把米扔掉？」

雪峰禪師回答：「沙子和米都扔掉。」

洞山禪師說：「那大眾吃什麼呀？」雪峰禪師就把洗米的盆子倒了過來。

洞山禪師又告訴雪峰禪師：「你以前是在德山的指引下悟透佛法的嗎？」

當時，雪峰禪師剛剛倒了德山禪師所在的寺廟，就向德山禪師請教：「宗門中向上一事會有我的份嗎？」德山禪師打了他一棒，說：「你說什麼？」雪峰禪師因此有了省悟。

後來，雪峰禪師在鼇山上被大雪阻斷了路途，他對岩頭禪師說：「我當時在德山禪師的棒子底下就像桶底脫落似的（桶底脫落是指突然省悟）。」

岩頭禪師大喝一聲：「難道你沒聽說由別人指引而領悟的道並不是自己的珍寶嗎？道必須從自性中流露出來，才能融會貫通，自己才能與道相合。」

雪峰禪師聽過此話之後，豁然開朗，就向岩頭禪師施禮。

岩頭禪師說：「師兄今天才在鼇山真正成道。」

從這個長長的公案中，我們不難看出：在與洞山禪師交談時，雪峰禪師做事已經有了一定的門徑。他在淘米時提到的見解並不局限於米和沙本身。而這樣的領悟來自於德山禪師和岩頭禪師的當頭棒喝，特別是岩頭禪師那句關於自性與道之間關係的話對他影響深遠。正是從這句話中，雪峰禪師才真正領悟到：做事必須要有自己依循的門徑，而自性就是所依循門徑的來源。

生活中不乏為追尋自己心中理想而努力奮鬥的人。可是，一旦需要做出抉擇的時候，卻有很多人不知到底該如何是好。這種迷惑具體表現在心中雖然已經有了模糊的希望，卻沒有具體的實施規劃，頭腦中還是一團漿糊。然而，如果不及時做出選擇，迷惑馬上就會找上門；如果閉著眼做出選擇，不久之後迷惑還會不期而至：下一步該怎麼做？此情此景真是讓人進退兩難。更令人頭痛的是，煩惱、痛苦、焦躁等等都趁勢襲來，在心中掀起了一場巨大的龍捲風。

佛家告誡自己的信徒，要不辭辛苦地去追尋心中的道，積極入世；在追尋的過程中，選擇一種積極的方式，入世尋道。我們對於自己理想的追尋就是一種尋道。所謂積極入世就是要將理想和現實結合起來。當理想和現實脫離，各種迷惑和煩惱就會紛紛襲來。只有找到一種將理想和現實結合起來的做事的門徑，我們才不會因心魔的糾纏而走進死胡同。

人生的道路上，不僅有理想，而且有現實。我們儘管對現實存在著種種不滿，但還是要找到一條可以依循的門徑，用現實的方式去實現我們的理想。唯有如此，我們才能離開迷惑的包圍圈，做出自己要做的事，走出自己要走的路。

【蓮心慧語】

徑山宗杲禪師曾經有言：「禾黍不陽豔，競栽桃李春。翻令力耕者，半作賣花人。」無論世事如何改變，我們只需去尋找自己做事要依循的門徑。只有找到這個門徑，我們才能趕走迷惑和心魔，用現實的方式去實現我們的理想。

迷惑止於智慧

星雲大師說：「去成就一切，用智慧去成就一切，而不要用金錢去堆砌一切。」智慧是成就一切的法寶。當迷惑不斷擾亂心扉時，我們就需要運用智慧的力量衝破迷惑的包圍圈，還自己一個清晰的決斷。天平從漪禪師對此有著深入的體悟。

天平從漪禪師曾在自己行腳途中專程去拜訪西院思明禪師。天平禪師說：「別說要找個懂得佛法的人，就是要找一個跟我抬槓的人都很難！」

有一天，西院禪師遠遠地看見天平禪師，就召喚他：「從漪！」天平禪師剛一抬頭，西院禪師就說：「錯！」天平禪師走了兩三步。西院禪師又說：「錯！」當天平禪師走到西院禪師面前的時候，西院禪師就問他：「我剛才接連說了兩個錯，錯的是你還是我呢？」天平禪師回答說：「是從漪錯了。」西院禪師說：「錯！」天平禪師聽了這句話之後就離開了。

西院禪師又告訴天平說：「你就暫時住在這裡度過夏天吧，讓我找機會跟你討論一下這兩個錯。」天平當時並沒有留下。

後來，天平禪師在住持寺院的時候曾對僧眾們講：「我從前行腳參訪的時候，曾經去拜訪西院思明禪師。他接連說了兩個錯，還要留我在那裡度夏，並且還要找機會和我討論那兩個錯。我並不認為那時候我錯了，我倒認為當我啟程要到南方行腳的時候，早就錯了。」

西院禪師一連說了兩個錯使天平禪師如墜五里霧中。為什麼一走路一抬頭就是錯？這使得當時的天平禪師百思不得其解。從天平禪師後來對僧眾們的開示中，我們不難看出天平禪師真正明白了西院禪師的苦心。西院禪師留他在寺中度過夏天的本意就是想要他慢慢地用心思考，而不要在自己還迷惑的狀態中急於做出判斷。

這種尚處於迷惑階段就盲目做出決斷的情形不僅出現在尚未開悟的天平禪師身上，還經常出現在我們自己身上。從表面上看，如此決斷確實可以將自己迅速從混亂的局面中解救出來，但實際上迷惑這個心魔卻從未離開，反而越變越大。因為「快刀斬亂麻」只是權宜之計，並沒有針對下一步做出明確的規劃，所以它於我們而言沒有任何意義，反倒會帶來一大堆新的麻煩。

既然如此，那麼在迷惑來臨之時，我們該如何運用智慧的力量進行決斷呢？儒家曾經提出一個很重要的行為法則：止於至善。也就是說，要判斷一下，自己所做的這件事目的是否純正，方法是不是合乎人道。用佛家的話來說就是是否符合慈悲之心，是否合乎悟道的要求。

人在迷惑的時候，往往會鑽牛角尖，固執己見，聽不進他人的不同意見，這就使得他們心中總是囤積著打不開的心結。所以，當遇到不順心的情況或是陷入煩惱時，無論遭遇到何種迷惑的情況，只要不對此種情況產生癡迷，化解的辦法還是不難找到的。佛祖教人權宜方便。只要不被思維的固定模式局限，我們就可以很容易找到解決問題的方法，就可以趕走迷惑，迎接勝利的曙光。

【蓮心慧語】

佛說：迷中不執著，悟中有受用。迷惑源於我們的不自信，源於我們對事物本相判斷能力的缺乏。只要不拘泥於形式，不在迷惑中沉溺，積極地尋求事物的解決之道，我們就會有所覺悟，有所受用，就能擁抱嶄新的生活。

第五章 自助者天助之——佛說自省

【頌】大地絕纖埃，何人眼不開？始隨芳草去，又逐落花回。羸鶴翹寒木，狂猿嘯古台。長沙無限意，咄！

【評】世間總有無數紛繁複雜的事物瀰漫在人們眼前。這使得他們目不暇接，不斷迷失在其中。如果可以沿著長滿芳草的路進入，沿著灑滿落花的路走出，人們就可以完成自省，找回迷失的自己。

佛說：「苦海無邊，回頭是岸。」人生就是一場不斷跋涉的苦旅。在旅途中，我們會與煩惱狹路相逢，會與迷茫正面遭遇，會與逆境不斷觸碰。無論是煩惱、迷茫，還是逆境，如果它們之中的任何一個成為命運的主宰，痛苦就會時刻伴隨身側。而自省是我們遠離痛苦的重要幫手。只有勇於幫助自己的人才能成為人生的強者。

度己：人生是一場修行

很多時候，我們會與莫名的煩惱和焦慮在生活中迎頭相遇。每當此時，我們就會不由自主地將矛頭指向周圍的人，認為是他們擾亂了自己的人生。不過，這並非事情的真相，因為世間煩惱，皆由「我」起。如果沒有「我」的允許，任何令人迷失的物象都不可能進入我們的心裡。是我們書寫了自己人生的每一頁。

究竟什麼才是人生呢？聖嚴法師說，人生是苦樂憂喜，人生是悲歡離合，人生是成敗得失，人生是生老病死，人生是富貴貧賤，人生是善惡是非。糾纏我們的煩惱和焦慮也是人生的重要組成部分。若想走出由它們帶來的困境，保持一顆清淨之心是最好的選擇。而清淨之心的取得就需要我們展開度己之旅。《碧巖錄》中就載有南院慧顒（ㄩㄥˊ）禪師曾就此向弟子們開示的內容。

一天，南院慧顒禪師對弟子們說：「大多數人只擁有啐啄同時的眼光，卻不能把握其中的玄機妙用。」

有一位弟子問道：「師父，什麼是啐啄同時的玄機妙用呀？」

南院禪師回答說：「一個擁有玄機妙用的宗師如果不能經過啐啄這一關，啐啄同時就會失去作用。」

弟子說：「我還是不懂。」

南院禪師說：「你為什麼會迷惑不解呢？」

弟子只回答了一個字：「失。」

南院禪師並不說話，只是拿起棒子向弟子身上打去。弟子不肯被打。南院禪師就把他趕了出去。

這位弟子後來到了雲門禪師那裡，並將整個事情的經過告訴了雲門禪師。沒有等雲門禪師開口，禪師旁邊的一位僧人說道：「南院禪師的棒子打斷了。」

這位弟子馬上就豁然開朗。於是，他便回去見南院禪師，可是南院禪師已經圓寂了。

後來，這位弟子又去拜訪風穴延沼禪師。正在他向禪師施禮之時，禪師突然開口問他：「你就是那位向南院禪師請教『啐啄同時』的弟子嗎？」

弟子回答說：「是的。」

風穴禪師又接著問道：「你當時是怎樣徹悟的？」

弟子回答：「我當時感覺就像在燈光下走路一樣。」

風穴禪師說：「你懂了。」

所謂的「啐啄同時」，本意是指小雞要孵化，母雞和小雞必須裡應外合才能啄破蛋殼。請教「啐啄同時」的弟子只有經過自己的思考和師父的指點才能明白其中的真諦。而這位弟子在見到雲門禪師和他的侍者之前並沒有意識到這一點。直到雲門禪師的侍者說：「南院禪師的棒子打斷了。」這位弟子才明白師父的苦心。

人生本身就是一場修行。如果每天都在糾結煩惱和焦慮帶來的困境，卻沒有試著用自己的力量去解決，久而久之，我們就會在心中生出無限的厭倦，並用負面情緒築起一座又一座高山。這些高山不僅重重地壓在心頭，還擋住了自己清明的視野。此時此刻，若不能為自己撐起一把遮住風雨的傘，我們就會在人生的苦海中越陷越深，不能自拔。

佛陀常說：「沒有一個眾生是需要我度的。」人人都需要拋開世間的煩惱憂愁，人人都需要解脫。但是，除了自己度自己，除了自我得救，任何人都幫不了你。世上沒有不可逾越的障礙，只要我們勇於邁出第一步。

【蓮心慧語】

圓悟禪師說：「道無橫徑，立者孤危；法非見聞，言思迥絕。」每個人的成長並沒有捷徑可走。我們只需依正道而行，開啟度己之旅。也唯有如此，我們方能跨過途中的重重阻礙，成為自己的拯救者。

讓自己擁有點石成金的金手指

有一天，雪峰義存禪師向弟子們開示說：「南山有一條鱉鼻蛇，你們諸位一定要睜大眼睛好好看清楚。」

長慶慧稜禪師說：「今天一定有很多人在禪堂中喪失性命。」

有一位僧人將這件事告訴了玄沙師備禪師。玄沙禪師說：「這一定是長慶師兄的言辭。雖然是這樣，可是我卻不跟他一樣。」

僧人問：「您會怎麼辦？」

玄沙禪師說：「提南山做什麼？」

而雲門文偃禪師把自己手中的拄杖拋在雪峰禪師面前，裝作非常害怕的樣子。

古人有言：師父領進門，修行在個人。在這則公案中，雪峰禪師告訴弟子們南山有一條鱉鼻蛇，實際上是要考察各位弟子的自悟能力如何。結果，只有三個人的表現令他滿意：一個是講「在禪堂中喪失性命」的長慶禪師，一個是講「提南山做什麼」的玄沙禪師，一個是拋下拄杖裝作害怕的雲門禪師。儘管這三個人的表現並不相同，卻都是自性感知的結果。讓弟子們學會自性感知，這便是雪峰禪師的苦心。

幾乎每個人都渴望擁有點石成金的金手指。不過，若是沒有多年勤勤懇懇地琢磨與鑽研，即使是材質再好的璞玉，映入眼簾的也只是滿地的石頭。而在這一過程中，自性感知產生了非常關鍵的作用。正因為有了它，我們才能祛除煩惱，開啟智慧之心。所謂「自助而人助，人助而天助」，我們只有善於發現自己內心的寶藏，不斷地肯定自己，才能贏得他人的幫助。

有一次，大珠慧海禪師去拜見馬祖道一禪師。見到馬祖禪師後，大珠慧海深深地向他禮拜。

馬祖禪師問道：「你來到這裡有什麼事情嗎？」

大珠慧海回答：「我來向您求取佛法。」

馬祖禪師說：「我這裡什麼都沒有，怎麼會有你要求取的佛法呢？你都沒有照顧好自己家裡的寶藏，甚至沒有找到過它們，就盲目地跑到外面來了。」

大珠慧海感到非常迷惑：「我自己的寶藏是什麼呢？它在哪裡呀？」

馬祖禪師說：「現在正在向我請教的就是你自己的寶藏。你的心裡有你想要的一切。守著如此的寶藏，你還要向外尋求，真是不應該。」

大珠慧海聽了這番話之後，馬上就有了領悟。

每個人心中都有自己想要的一切，何苦向外尋求？馬祖禪師實際上想要告訴大珠慧海的是一個人只有自性自悟，才能得到真正的佛法，才能得以解脫。唯有自己的心才是自己真正的歸宿。

人生就是一次又一次的前行。在現實生活中，我們的每一次前行幾乎都會得到他人的關懷、指導和幫助。然而，他們畢竟只是機緣相合的外力，最終的工作還需要自己來完成。如果只是盲目地等待，精彩就會永遠只出現在別人的世界裡。只有打開自己的心門，凡事求諸己身，我們才能真正地做到自性感知，擁有點石成金的金手指。

【蓮心慧語】

聖嚴法師說：老師只是那一根指向月亮的手指，並不都能點金。確實，老師只能將大體的方向告訴我們。真正起作用的還是我們自己。只有求助於自己，堅持自性自悟，我們才能打開心門，找到自己想要的一切。

撐傘自度，才能晴空萬里

很多時候，我們總是將自己的目光投向外面的風景，希望可以藉此瞭解整個世界。然而，在閱盡身邊無數風景之後，我們卻悲哀地發現：自己原來還站在世界大門的外面。究竟怎樣做才能進入世界的大門呢？

淨空法師說：「真正會修行的人是自己修行，不看別人。看別人，心裡生煩惱，就有意見。

有意見，心就不平，就不清淨。」進入世界的大門也是一種修行。若想進入世界的大門，我們就要認識自己，觀照自己內心的探求。唯有如此，整個世界的真相才會展露在我們面前。雲門文偃禪師對「清淨法身」的講解就是對此最好的明證。

有一天，一位僧人請教雲門文偃禪師：「禪師，請問什麼是清淨法身？」

雲門禪師回答：「就是用竹子和木頭做成的園著芍藥的柵欄。」

那位僧人又問：「如果以清淨法身作為起點一路向上最後會到什麼地方呢？」

雲門禪師回答：「當你講解佛法的時候，散發出來的力量可以摧毀一切異端邪說。這種情形就好像一頭金毛獅子大吼一聲，其他的野獸聽了這叫聲之後，就會害怕地逃走一樣。」

「清淨法身」是佛法中的正法、大法。在雲門禪師看來，佛法中的正法、大法也只是可以見到的園著芍藥的花藥欄。只有不斷地觀照自己的內心，僧人們才能達到更高的境界。這境界散發出的力量就像獅子大吼一聲就可以嚇跑其他野獸一樣。

佛說，參禪是「反聞自性」，往自己心靈深處去下參究的功夫，不要往身心之外去作功夫。生活也是如此。幾乎所有的人都對外部的世界充滿了好奇，希望可以一探其中的奧秘，卻總是習慣性地忽視自己。探究自己的內心，認識真正的自己，我們才能開啟整個世界的大門。不過，認識自己往往要比認識世界要困難得多。因為我們常常無法放下是非善惡，不能正視自己的優缺點。聖嚴法師曾用照鏡子作為例子來申明這個道理。

對於自己的缺點，人們一般都會採取兩條路線：一是隱瞞或掩蓋，二是不願檢討或承認。然而，無論選擇哪一條路線，他們通常情況下都會表現得灰頭土臉，尤其是不願主動做出自我反省或檢查。

也許，他們也曾在不經意間在鏡子當中看到過自己的臉，但是從那張失去了信心和勇敢的臉映入眼簾的那一刻便失去了再瞧一眼的勇氣。這樣的情形就如同火雞遇到了敵人一般。每當與敵人相遇，火雞就拚命地豎起自己頸部和身上的毛。這樣，牠的身體看起來似乎就比原來變大很多，希望藉此來誇大自己的實力，嚇退敵人。可惜，大家都清楚，這一切不過是假象。

所以，不斷地進行反思方能幫助自己認清自己。也唯有如此，我們才能對自己擁有深入的理解和認知，才能放下對是非得失的種種糾纏，才能正視自己，逐漸地融入生活，使自己與喜悅相擁。

【蓮心慧語】

星雲大師說：「除了認識心外的世界，更要認識心內的世界。認識心內的世界，首先要認識我們的心。」只有向自己的心靈深處參詳，我們才能認識並找到自己的心，才能做到明心見性，才能得到歡喜。

以禪滌心，踏實自省

每當心中一片混亂之際，我們就會對他人擁有一雙洞察一切的慧眼心生羨慕。若是有它們相助，我們就可以隨時看清事情的本質，不會被種類繁多的物象所迷，更不會毫無察覺地就跳進癡嗔的陷阱。不過，慧眼的練就並不是一朝一夕就可以完成的，需要持續不斷的努力。自省就是這些努力中最重要的一環。

聖嚴法師說：踏實地體驗生命，就是修禪。自省同樣是透過省察言行來踏實體驗生命的過程。每當對身邊的事物生出厭棄之心時，我們就可以找一個獨處的空間慢慢地安靜下來，梳理自己煩亂的心情；每當對前途生出迷茫之心時，我們可以停下來，思考自己真正想要追求的旅程；每當感到委屈、悲傷、難過的時候，我們可以觀照自己的內心，找回快樂和自在。是自省幫助我們重新找到了自己，找回了自信和快樂。

自省是發現內心寶藏的重要法寶。不過，這件法寶也需要長期地打磨。如果總是在困境來臨的時候才想起，自省就可能不會發揮出人們期望中的力量，甚至還會帶來新的煩惱。因為通常情況下，人們總會對自省抱有極大的期望。期望越高，失望就越大。當期望無從實現的時候，失望就會隨之產生。新的煩惱正是這種失望帶來的。

至聖先師孔子提倡一日三省吾身。我們若能養成自省的習慣，並使之融入自己的生命之中，就可以在它的幫助下發現自己內心的寶藏，與自在快樂的生活相擁。佛學大家趙州禪師便是個中高手。

有一天，一位僧人請教趙州禪師說：「至道無難，唯嫌揀擇。使用言語就是揀擇。那麼禪師要用什麼來引導別人呢？」

趙州禪師說：「你為什麼不引用整段話呢？」

僧人回答說：「我就念到這裡。」

趙州禪師說：「好吧，那就用這句至道無難唯嫌揀擇。」

「至道無難，唯嫌揀擇」是佛家至理，出自三祖的《信心銘》。後面緊接著「但莫憎愛，洞然明白」兩句，是對前句的解釋。趙州禪師旨在啟沃僧人要自己去體悟其中的佛理，可僧人並沒有理解其中的真意，反而斷章取義責難禪師。

古人常說：「功夫要做到綿綿密密，能夠相續，那是很難的一件事。」理解佛法如此，自省同樣如此。如果用於自省的時間總是被打斷，那麼自省根本就不能發揮出應有的作用，我們也會一直在煩惱、憂傷、迷茫的牢籠中掙扎。

除此之外，當我們將每天的大部分時間用來在痛苦和迷茫中沉溺時，用於自省的時間就會在無形中被壓縮，自省的綿密功夫也會被打亂。久而久之，痛苦和迷茫就會逐漸成長為一個巨人，而自省卻還是一個手無縛雞之力的少年。如此，我們依然無法擺脫無形牢籠的牽制。所以，在心中樹立起自省的觀念便成為此刻的當務之急。當自省這一習慣融入生命之後，煩惱、憂傷和迷茫在心中沉澱的機會就會大大減少，我們的心也會恢復一片澄明。只有當自省變成一個持續不斷的行動之後，我們才能找回迷失的自己，在快樂和幸福的道路上一路前行。

【蓮心慧語】

星雲大師說：「不懂反省的人，永遠看不到自己的缺點；不肯奮發的人，永遠發揮不了自己的長處。」自省就是一次以禪滌心、自我解剖的過程。唯有踏實地面對自己，讓自省成為一種融入生命的習慣，我們的心才會更加澄明通透，生命中才會開滿灑脫曠達的鮮花。

正確定位，人成即佛成

人生就是一場不斷前行的旅程。一路之上，有鮮花，有掌聲，有歡笑，有眼淚，有成功，也有失敗。我們在這條路上走走停停，有收穫，也有錯過。無數喜悅和悲傷都發生在不知不覺中。曾幾何時，名利和金錢被我們視作今生最大的追求，只是在將它們收入懷中之際才驀然發現原來它們帶來的快樂是那麼短暫，而自己卻似乎進入了一個無法走出的迷宮。於是，我們不由發出一聲悲歎：何時才能再次翱翔於天空？

這便是當今社會中人們處境的一個縮影。如今，浮躁迷茫之風盛行。它就像一把雙刃劍，既帶來無限的機遇，又將前所未有的困境擺在我們面前。面對此情此景，我們只有兩種選擇：要麼做展翅九霄、翱翔天際的大鵬鳥，要麼成為無力掙扎的困獸。

不過，需要注意的是，即便是展翅翱翔的大鵬鳥也需要正確的航向，否則飛翔就成了一種形式，遠離了初衷。我們若是不能對自己進行正確的定位，就會像失去航向的大鵬鳥一樣，永遠無法走出心中的迷宮。《碧巖錄》中所記載的長沙景岑禪師遊山的故事就是對此最好的說明。

有一天，長沙景岑禪師遊山回來，走到山門門口的時候遇到了寺中的首座。

首座問道：「和尚是從什麼地方回來的？」

長沙禪師說：「從山上遊玩歸來。」

首座接著問：「您是去什麼地方回來的？」

長沙禪師回答：「始隨芳草去，又逐落花回。」

首座說：「您講的這個情景充滿了春天的氣息。」

長沙禪師說：「也可以說是勝過了秋天露珠滴荷葉的情景。」

長沙禪師與首座二人講的並不是遊山，而是人生修行的境界。這境界對於首座而言就是充滿了春天的氣息，對於長沙禪師而言就是「勝過了秋天露珠滴荷葉的情景」。他們運用了最適合自己的方式講解了自己對修行境界的理解。

修行如是，人生亦如是。失去了用最適合自己的方式把握人生航向的機會，也就失去了走出迷宮、欣賞蓮花在生命中綻放的美景的機會。若能為自己找到正確的人生定位，我們便可以在這一方人間淨土上施展自己的抱負。下面故事中失足的年輕人便是在舅舅良寬禪師的幫助下重新找準了自己的人生定位的。

良寬禪師修行非常嚴謹，從不懈怠。遠近的人們都對他非常佩服。但是，他年老的時候卻遇到這樣一件事：家中的外甥不務正業，為害鄉里。父老們希望禪師可以救救這個外甥，讓他重新做人。

良寬禪師聽到這個消息之後，就星夜兼程回到了家鄉。外甥見到大名鼎鼎的舅舅之後非常高興，並且特意留舅舅過夜。不過，他心中另有想法，若是舅舅對他說教，就要捉弄舅舅一番。

可是，出乎眾人意料，良寬禪師並沒有說什麼，只是在家中打坐一夜。外甥感到心中很不安。天亮的時候，禪師整理自己的衣服，穿上草鞋，準備返回廟宇。他不經意地回頭對外甥說：「我真的是老了，鞋帶都繫不好，你可以幫我嗎？」

外甥很高興地照辦了。禪師慈祥地說：「謝謝你了。年輕真好啊。想做什麼就可以做什麼，你看人老的時候就沒有這種能力了。」說完，禪師就離開了。

自從禪師走後，外甥再也不去花天酒地了，而是努力工作，就像換了一個人似的。

良寬禪師並沒有對外甥講什麼大道理，只是在不經意間使他明白了時間的寶貴：如果不能在青春年華為自己進行正確的定位，把握住自己的航向，老年之後就只能望洋興嘆，無能為力了。

聖嚴法師常說，要建立生命的方向感。所謂生命的方向感，其實就是人生目標，而進行正確定位是經營人生目標的重要組成部分。唯有正確的定位才能保證人生的大方向不動搖，我們也才能翱翔於廣闊的天空。

【蓮心慧語】

太虛大師說：「人成即佛成。」只要不為名利心所障，不在浮躁迷茫之風中隨波逐流，對自己進行正確的定位，我們就能守住自己的本分，制定符合自身實際的目標，實現自己的理想。

從當下悟入

星雲大師說：「在動靜之間、忙閒之間、來去之間、得失之間，永遠沒一個安身立命處。如果你能做到動靜如一、來去自如、有無一如、得失一如，就是中道平等的生活，是非常美妙的。」可惜，世間的種種表象常常使我們沉迷其中，無法做到真正地心無掛礙。如何才能達到心無掛礙的境界呢？智門禪師就曾以荷花與荷葉為喻指出了到達的途徑。

有一天，一位僧人問智門光祚禪師：「禪師，蓮花還沒有鑽出水面的時候是什麼樣子的？」

智門禪師回答說：「荷花。」

僧人又問：「出水之後，又是什麼樣子呢？」

智門禪師回答：「荷葉。」

在智門禪師看來，出水和未出水是兩個不同的時節，禪者應該依照不同的時節因緣對事物有著不同的感知。所以，智門禪師在回答僧人的提問時才會有「荷花」與「荷葉」兩個答案。

同時，智門禪師的體悟也是生活中重要的處事原則。人們常常會對事物充滿了強烈的好奇心，希望可以對它們有著更深的瞭解。可是，對事物在不同情況下的表現的習慣性忽略使得他們無法掌握事物的發展規律，只能陷入迷茫之中。

要想改變這種現狀，我們就需要轉變自己的思維習慣和生活態度，將生活與思考結合起來，從當下悟入，而不要眉毛鬍子一把抓，毫無章法可言。佛祖釋迦牟尼就是遵循了如此的法則才悟道成佛的。

釋迦牟尼在出家之前是淨飯王的太子。他做太子的時候就聰明過人，勇猛威武，在語言、文學、哲學、數學、天文、軍事等方面都有很高的造詣。後來，他因為看到了許多民間的衰老、病痛和淒慘的現象而感到非常痛苦，就毅然捨棄王位出家。

開始的時候，佛祖奉行的是苦修的方式。他先在王舍城郊外學習禪定，之後就進入了尼連禪河畔的樹林中進行苦修。進入苦修之初，佛祖每天只吃一頓飯，後來改為七天吃一頓。另外，佛祖還脫下了俗家的衣服，穿起了樹皮，每天睡在牛糞上。六年過去了，佛祖的身體變得非常瘦弱，像枯木一樣，但是佛祖卻沒有得到任何啟示，不能找到解脫之道。於是，佛祖放棄了苦修，在尼連禪河中洗淨了身體之後，接受了一位牧女的乳糜，恢復了健康的體魄。隨後，佛祖渡過了尼連禪河，來到了伽耶城外的菩提樹下，開始靜思。七天七夜之後，佛祖終於悟道成佛。

每個人都有不同的悟道方式。佛祖在修行之初採用的是苦修的方式，然而單純的身體上的受苦並沒有帶來解脫之道，反而使身體變得非常瘦弱。後來，佛祖在牧女的幫助下恢復了健康，隨後在菩提樹下靜思七天七夜之後終於悟道成佛。由此，我們不難看出時節因緣是人們悟道的重要因素。唯有將生活與思考結合起來，從當下悟入，世間真諦才能展現在我們面前。

人生就是一個充滿著紛繁事物的萬花筒。我們若是只滿足於佔有眾多的物象，放棄積極的思考，就會因為眾多物象的積累而很快被越來越多的迷惑淹沒。只有從事物的本質出發，從當下悟入，我們才能跳出疑惑的漩渦，安享內心清明帶來的逍遙自在。

【蓮心禪語】

浮峰普恩禪師曾留下這樣一首詩：「返本還源便到家，亦無玄妙可稱誇。湛然一片真如性，迷失皆因一念差。」只是一念之差，我們就可能從天堂跌進了地獄。只有深入事物的本質，從當下悟入，我們才能從疑惑的陷阱回到快樂的人間淨土。

做一個有心的成功者

古時有一位將軍帶兵出征。經過長途跋涉之後，將軍和士兵們都感覺又累又渴，於是，他們就到附近的一座寺廟歇腳。廟裡的小和尚為將軍端來一大碗涼茶。將軍急忙接過來，一飲而盡。喝過涼茶之後，將軍感覺到意猶未盡。這時，小和尚已經端來了第二碗茶。將軍喝了一口，感覺到胃裡一陣舒服。原來這是一碗溫茶。溫茶喝完之後，小和尚已經端來了第三碗熱茶。

將軍喝完茶之後，便問小和尚，為什麼三次端來的茶水溫度和裝茶的杯子大小都不一樣。小和尚說：「您長途跋涉之後感覺到又累又渴，只有大碗的冷茶最能解渴。至於第二次的茶是因為再喝冷茶會傷及脾胃，所以我為您奉上用中碗裝的溫茶。喝過兩碗茶之後，您就不會再急於牛飲了，所以我呈上小杯的熱茶。這時，您就可以品著茶香，恢復精神，同時也不會燙傷唇舌。」

聽完小和尚的話後，將軍立即要求小和尚加入他的軍隊。小和尚後來成為將軍最器重的大將之一。

小和尚依次為將軍端上了大碗的涼茶、中碗的溫茶、小碗的熱茶，幫助將軍緩解了行軍途中的疲勞，還使將軍領略了茶香。正是這個細節使得小和尚受到了將軍的賞識，為他以後的成長奠定了堅實的基礎。由此可見，小和尚是個有心之人。

星雲大師說：「有心」是一切成功之因。當有心成為生活中的一種習慣之時，我們就會不為小事煩惱，不被大事驚擾，就會看清是非得失，不糾結於世間的善惡。只要肯做個有心人，我們就會在學習、工作和生活中所向披靡，戰無不勝，而不會輕易陷入煩惱和障礙的牢籠。古人所說的「世上無難事，只怕有心人」就是這個道理。

有心是做好每一件事的基本原則。它可以幫助我們擺脫由粗心大意帶來的各種麻煩和不良情緒，提高辦事效率。同時，它還是加強與他人合作、贏得他人信任的好幫手。我們的生命會因為「有心」的融入而煥發出奪人的光彩。

有一天，越州干峰禪師說：「只能舉一，不能舉二。如果放過了一，就落到了後面。」

聽了越州禪師的話，雲門文偃禪師從眾人中走出來說：「昨天有一位僧人是從天臺山來的，然後他又去南嶽了。」

越州禪師說：「和尚，今天不能只為明白佛法的人說法。」

雲門文偃禪師是個有心人。在越州禪師提出觀點之後，他馬上舉出了身邊的實例來進行解說。有心的人總是能看到別人看不到的地方，想到別人想不到的地方。雲門文偃禪師就是如此。

有心的人總是更注意細節。即使像風吹草動那樣的小事，他們也能從中看出端倪，並形成自己的感悟和體會，這種感悟和體會往往比常人更加深入。只有用心的人才能將事情真正做好。

做一個生活中的有心人，生活才能過得舒心自在。身在世事繁雜、雜事纏身的俗世，做一個有心生活的人，我們才能真正懂得生活，才能享受生活的歡樂。

【蓮心慧語】

星雲大師認為，只要肯做個有心人，學習、修行和生活，無論哪一樣，都不會變成難處。確實如此，當有心成為一種習慣之時，我們就會遠離繁雜的世事帶來的煩惱和得失，保持內心的一片清明，安享幸福快樂的生活。

第六章　糾纏表象是苦自己——佛說超脫

【頌】缽裡飯、桶裡水，多口阿師難下嘴。北斗南星位不殊，白浪滔天平地起。擬不擬，止不止，個個無褌（褌：舊稱褲子）長者子。

【評】最高深的境界往往透過最簡單的形態表現出來。「見山仍是山，見水仍是水」就是人生的最高境界——超脫的境界。不過，此時我們已經有了金剛不動的禪心，能夠從容淡定地洞悉事物的本來面目。

人生在世，不如意事十之八九。正是如此多的不如意令我們跌進了痛苦的深淵，變得小心翼翼，總是緊緊抓住自己眼前的東西，生怕一不留心就失去。不過，過分的小心並沒有帶來想像中的快樂，害怕失去的恐懼之情還時時縈繞在心頭。唯有放下心中的恐懼，鬆開自己緊緊抓住的手，我們才能真正地解脫，找回久違的快樂。

你就是自己心中的佛

佛告訴我們，所謂凡夫者，本來是個假名，沒有真正什麼凡夫，假名叫做凡夫而已。一切眾生都是佛，只是他們沒有找到自己的本性而已。只要找到了本性，就沒有了凡夫，所有的人就都成了佛。我們每個人都是自己心中的佛。

可是，在現實生活中，人們卻常常不能意識到這一點，總是更願意相信將希望得到的東西緊緊把握在手中才是最安全的。充滿激烈競爭的社會環境使得人們常常提心吊膽，生怕稍不留神就會失去競爭力，意外出局。

不過，若要擁有強大的競爭力，沒有過人的職業技能與一份符合自我職業發展前景的工作作支撐是萬萬不能的。而要找到這樣一份工作，找到並認識自己的本性是其中非常重要的一環。只有與自己的本性相遇，心中的夢想之舟才有了停靠的碼頭。否則，即使再強烈的成功願望也只是水中月鏡中花，而且一味地急功近利會將一波又一波的煩惱、迷惑與惆悵帶進原本澄明一片的內心世界，令人跌進痛苦、功利與得失的深淵中無法自拔。

另外，提心吊膽的人群中還有一些從來不敢正視自己本性的人。他們滿足於在世間的繁華中徜徉，心安理得地做著別人的應聲蟲，選擇在現有的舒適環境中度過自己的人生。據《碧巖錄》記載，南陽慧忠禪師曾就此對寺中的僧眾進行指引。

曾經有一個人任勞任怨地為南陽慧忠禪師做了20年侍者。禪師非常感動，想要幫助他早日悟道。

有一天，禪師像往常一樣喊道：「侍者！」聽到呼喊之後，侍者以為禪師要他做什麼事，就馬上走到禪師身邊，答道：「我在。您有什麼事嗎？」聽到這樣的回答，禪師感到很無奈，只好回答：「沒什麼事！」

過了一會兒，禪師又叫道：「侍者！」侍者的表現又和第一次一模一樣。禪師只好再次回答：「沒什麼事。」

這樣反覆了幾次之後，結果都是一模一樣。這次，禪師又喊：「佛祖！佛祖！」侍者聽到後，覺得非常不可思議，就問道：「禪師，您在喊誰呀？」禪師見他還沒有省悟，就啟示他說：「我在叫你呀。」侍者仍然不明白佛祖的深意：「我並不是佛祖，只是您的侍者呀。您是不是看錯了？」聽到這樣的回答，禪師只好對他說：「不是我不想指引你，是你太辜負我呀！」侍者更加奇怪了：「禪師！我在任何時候都不會辜負您的，我永遠是您最忠誠的侍者。」

禪師感到非常失望。為什麼有的人就只會做別人的應聲蟲，而不去注意自己的存在呢？他們為什麼不能接觸自己真實的生命呢？想到這裡，禪師告訴侍者：「事實上你已經辜負我了。佛祖和眾生並沒有任何區別。眾生之所以是眾生，就是因為眾生不承認自己就是佛祖。」

佛祖和眾生沒有任何區別。每個人都是自己心中的佛，都可以從痛苦中脫身，達到超脫的境界。可是，很多人卻像故事中的侍者一樣不敢相信。他們只是在俗世中沉淪游弋，任功利、得失、好壞、善惡等等煎熬自己的內心。因為沒有選擇堅守，沒有選擇真正的面對，所以，他們迷失了自己的本性，誤認為自己就應該和佛不同。

一切眾生皆為佛，真意自在本性中。其實，每個人都不必妄自菲薄，只要願意相信自己，願意放下對世間萬物表象的糾纏，我們就可以找回迷失的自己，就可以享受超脫的快樂。

【蓮心慧語】

佛說：「我不敢輕慢汝等，汝等皆當作佛。」在佛祖眼中，眾生都有佛性，人人皆可成佛。所以，我們不需妄自菲薄，只需拆掉自己親手壘砌的橫亙在佛與我之間的高牆。放下對世間表象的沉迷，我們就將與自己的本性相遇，就將享受無限的快樂。

天堂地獄一念間

每個人幾乎都有這樣的體會：有時，成功和失敗只在毫釐之間。這毫釐之差卻把人們帶到了兩個極端：一邊是充滿歡樂和喜悅的成功，一邊是充滿痛苦和悲傷的失敗。如此大的反差在人們心中引起了軒然大波。成功的一方可以驕傲地認為自己之前的一切辛苦都是值得的。失敗的一方卻在付出了同樣艱辛的努力之後承受了全部的沮喪、委屈和痛苦。為什麼命運會如此不公？

三祖僧璨曾在《信心銘》中寫道：『智者寂寂總無為，愚人碌碌把身縛。萬物之間無差別，虛妄偏愛何執著。』整天思慮太用心，豈非犯了大過錯？世間萬物之間本來並沒有什麼差別，毫釐之差帶來的成功和失敗具有很大的偶然性。若是對這樣的結果過分執著，總是糾結於失敗的事實，我們就會迷失在痛苦的海洋中，無法對眼前的事情做出正確的決斷。

世間萬法都出於一念之間。我們如能拋開是非功利之心，用淡定平和的心態來看待眼前發生的事情，就不容易為「一念」所動。趙州禪師也曾就此問題對弟子進行開示。

有一位僧人問趙州禪師：「禪師，佛說萬法出於一念，那麼一的歸宿又在何方呢？」

趙州禪師回答：「我在青州做了一件布衫重七斤。」

後來，有一位僧人問趙州禪師：「什麼是祖師西來意？」

趙州禪師說：「庭前柏樹子。」

僧人說：「和尚不要拿境界來示人。」

趙州禪師說：「老僧從來不用境界示人。」

無論是問一念的歸宿，還是問祖師西來意，提問的僧人都沒有離開境界的範圍。在他們看來，佛法應該要用深刻的哲理和高深的境界表達出來。殊不知，越是高深的佛理，就越是講究言不在多，語不在繁。這就是趙州禪師先後回答「我在青州做了一件布衫重七斤」「庭前柏樹子」所要傳達的理念。只有瞭解這一點，修行者才能真正地悟道成佛。

生活本身就是一種悟道。在不斷前行的過程中，我們無一例外地會與成敗、名利、得失、善惡、痛苦、疑惑、煩惱迎頭相遇，若是能夠悅納它們，只將它們當作生活的一種常態，便會遠離痛苦，享受超脫的快樂。

佛說，苦海無邊，回頭是岸。當對成敗、名利、得失等等懷有執著之心、不肯放開的時候，苦澀的海水就會將我們整個吞沒。此刻，失去的就不僅僅是名譽，還有我們的心，甚至是整個生命。若是沒有了心，沒有了生命，成敗、名利、得失對一具喪失生命力的軀殼又有什麼意義呢？不如捨棄心中的執念。只要不再對它們抱著強烈的追求之心時，我們就可以到達安放自我身心的彼岸。當心變得寧靜平和之後，超脫後的快樂就會開始發揮作用，我們將在前面不遠的地方與成功和名譽再次相遇。

【蓮心慧語】

證嚴法師說：「做人本來就要安分守己，約束好自己的行為，但是貪念一起，行動就由不得自己了。所以，平時一定要好好約束、照顧好自己的心。」對於成敗、是非、得失等過於執著也是一種貪念。只有捨棄執著之心，把握好心中一念，我們才能享受快樂的生活。

直心真實，方有自在

有一次，張拙秀才去參訪西堂智藏禪師。

張拙問禪師：「山河大地究竟是有是無？三世諸佛究竟是有是無？」

禪師回答：「有的。」

張拙說：「錯！」

禪師問張拙：「你還曾經參訪過哪些人？」

張拙回答說：「參訪過徑山和尚。每次向他提問，他都回答無。」

禪師問：「你有家眷嗎？」

張拙回答：「有。」

禪師又問：「徑山禪師有妻子兒女嗎？」

張拙說：「徑山禪師是高僧。和尚還是不要譭謗他吧。」

禪師說：「等你達到徑山禪師那樣的境界時，才能說一切皆無。」

張拙俯下頭不再說話。

只學到徑山禪師的皮毛是張拙不再輕易開口的根源所在。實際上，他並沒有到達徑山禪師那樣的境界。無論是對於有無的提問，還是那個「錯」的評價，都是模仿而來。而西堂禪師一下子就指出了張拙的弱點所在——「等你達到徑山禪師那樣的境界時，才能說一切皆無。」西堂禪師這樣說的目的就在於希望張拙能夠發現徑山禪師「一切皆無」這個說法背後隱藏的真相。

每天，從睜開眼睛的那一刻起，我們就要不斷地對出現在自己眼前的事物做出判斷，進行歸類，直到休息。第二天還是同樣的情形。第三天、第四天、第五天……這樣的情形會一直持續下去，並貫穿於整個人生旅程當中。判斷已經成為我們一種無意識的習慣。比起那些大眾公認的中規中矩的法則，我們更喜歡用自己的思維模式來隨心所欲地進行每一次判斷。

可是，這樣的選擇也存在著很大的弊端。個人的視野總是有限的。當事情的發展越過了視野的底線時，如果繼續以原來的視野作為判斷的依據，自欺欺人的情況就會出現；如果不再以它作為判斷的依據，拓展自己的視野就成為了一種必然。而洞悉事物的真相便是拓展自我視野的最佳途徑。

佛家認為，不能以自己的好惡之心來確定善惡。若是在處理事情之前先存好惡之心，雜念就會遮住我們的慧眼，事物的真相就不能如實展現，合乎事理的正確決斷也就無從做出。這樣，我們就會一直徘徊在真理的門外，卻與真理總是擦肩而過。只有捨棄好惡之心，我們才能不受心中雜念的干擾，才能辨明事物的真相。

世間萬物變化無常，但是事物的真相卻只有一個，恆久不變。當事物的真相大白於天下之後，我們才能認識聲色的本質，不再沉迷其中；才能對事物進行全面公正的分析，做出正確的決斷；才能跳出原有的局限，與真理同行，不再與痛苦為伴。

圓悟禪師說，一個融通的宗師，得大解脫的人，必須要另有活路，至於機境不能兩忘的人，必然會停滯在這兩頭。所以局限於事物的表象或原有的視野都不能帶來解脫的快樂。唯有以動心事物的本質為出發點，培養自我把握辨別事物的能力，我們才能與其深情相擁。

【蓮心慧語】

佛說：「一燈照暗室，舉世通明。何能只照一物，他物不沾光？」個人好惡並不能成為判斷事物的標準。只有洞悉事物的本質，對事物進行全面周密的調查分析之後，我們才能得出合理的結論，才能安享超脫後的自在。

成為自己的貴人

人生在世，難免會有許多抱怨在懷。生活中，我們經常會聽到諸如「怎麼活得這樣累」之類的抱怨，只是抱怨的人不盡相同，有時會是初進職場的年輕人，有時會是沒有達到父母要求的學生，有時會是飽經風霜的老人。實際上，很多抱怨的出現都只是由於他們從來沒有為自己而活。

無際法師在與弟子談心的時候說：「活著應該是為充實自己，而不是為了迎合別人。沒有自我的人，總是考慮別人的看法，這是在為別人而活著，所以活得很累。」無際法師的這段開示無疑就是許多人在現實生活中真實的寫照。對他們而言，無論年齡如何，閱歷多少，為別人而活已經成為生活的一種常態：年幼時會為了得到長輩的誇獎努力做一個乖孩子；少年時會為看到父母的笑臉而發奮努力；青年時會為了滿足愛人的要求而廢寢忘食；老年時會為了逗孫輩開心而努力改變。

然而，在這一過程中，若是不能達到自己所愛的人提出的要求，他們就將換來一大堆抱怨、指責甚至是懲罰。面對如此情形，儘管有時會心生抱怨，但是最終如何令所愛的人綻放笑顏的想法還是佔據了上風，自己也仍舊會不折不扣地去執行。至於自我卻很少出現在考慮的範圍當中。

上述情況並非危言聳聽，而是一個不爭的事實。在很多人心中，自我都是一個可有可無的東西。至於真正的自我是什麼模樣，有著怎樣的訴求從來很少出現在人們的頭腦中。其實，只要認真回顧一下自己在滿足他人要求時遇到的百般痛苦與委屈，我們就不難發現自我的吶喊便是它們的源泉。唯有認識真正的自我，確定自我承受的底線，世界才會真正地在我們及我們所愛的人面前露出笑臉。雲門文偃禪師和長沙景岑禪師就是深諳其中真諦的大家。

有一天，雲門文偃禪師拈著一根拄杖對弟子們言道：「我手中的這根拄杖能變成一條龍，吞下整個乾坤！哪裡還有什麼山河大地呢？」

長沙景岑禪師說：「學道的人不能識別出什麼是真如，只是因為錯把靈魂當成了它。其實真如是無量劫以來生死的根本。癡愚無知的人卻往往把靈魂當成真實的自我。」

實際上，雲門禪師的拄杖和長沙禪師口中的真如有著相同的寓意，二者都是真實的自我的象徵。真實的自我能夠包蘊整個乾坤，觀照生死，而非人們眼中看到的拄杖或是妄解中的靈魂。認知真實的自我是悟道的重要前提。只有與真實的自我相擁，世間的真相才能在我們眼前展露，種種遮蔽真相的浮雲才能逐漸散去。

人生本來就是一種悟道的過程。沒有真實自我相伴的旅途同樣陰霾滿天。只須重新審視那些為了迎合他人而做出的種種舉動，我們就不難發現其中的端倪：無底線的付出模糊了過度執著與無私的愛的界限，卻沒有帶來預想中的快樂，反而將自己的心變得狼籍一片。若要改變這種現狀，唯有正視自己的內心，洞悉事情的真相，因為我們才是自己最大的貴人。

【蓮心慧語】

淨空法師說：「真正會修行的人是自己修行，不看別人。看別人，心裡生煩惱，就有意見，有意見，心就不平，就不清淨。」如果總是迎合他人，沒有自己的想法，我們就會在對於愛的過分執著中迷失自我。唯有正視事情的真相，觀照自己的內心，確定自己的底線所在，我們才能與真正的自我相遇，才能與真正的幸福相伴。

不幸福只因不單純

幾乎每個人都希望自己能夠一直與幸福相伴。為了實現這一宏願，人們設計了各種切實可行的方案，並努力去實現它們。可是，多年之後，幸福仍然沒有來到我們身邊。難道是自己不夠努力嗎？當然不是。經過多年的積累之後，我們已經在不知不覺間擁有了很多東西，只可惜它們並非件件都是必需品，而且派不上用途的所有品還會成為實現夢想途中的障礙。

這便是幸福遲遲不能到來的重要原因。佛家認為不幸福只因不單純。與其求多而虛偽，不如少而實在。內心的簡約是幸福與快樂的源泉。當簡單成為生活的主旋律時，那些擾亂身心的私心雜念進入我們視野中的機會就變少了，心靈的負擔也相應地變輕了，我們就可以有更多的時間來梳理自己的思緒和心情。這樣，痛苦、迷惑和憂慮就減少了入侵的機會。據《碧巖錄》記載，俱胝禪師就是簡約之風的提倡者。

俱胝禪師的廟中有一個可愛的兒童。有一天，兒童在廟外玩耍。一個人問他：「你師父平常用什麼方法開示眾人呀？」兒童就學著俱胝禪師的樣子豎起了手指頭。

回到廟中之後，兒童就將這件事告訴了俱胝禪師。俱胝禪師沒有發表任何意見，卻拿著刀把兒童的手指頭剁掉了。兒童痛得又哭又叫，跑出了俱胝禪師的佛堂。這時，俱胝禪師突然叫了一聲。兒童回過頭來一看，發現俱胝禪師正豎著一根手指頭，頓時就豁然開悟了。

開始的時候，兒童伸出手指只是單純的模仿，並沒有理會其中的深意。俱胝禪師認為這樣的認識違背了「以心觀心」的佛道，是對一指禪理解的庸俗化。只有作為模仿的指頭消失，一指禪的真意才能以一種正確簡約的方式傳達出來。這便是俱胝禪師的目的所在。

古人說，大道至簡。越是真理就越是簡單。但是，這種簡單並非是因為見解上的貧乏或是內容上的短缺，而是繁華過後的一種覺醒，是一種去繁就簡的境界。當我們與簡單同行時，也就意味著我們正在一種覺醒中行進著。美滿幸福的人生就是一個去繁就簡的人生。

其實，生活並非總是那樣雲淡風輕。不如意的事情也會層出不窮。煩惱、憂慮、迷惑等等常常會不請自到。它們都會和名利、貪欲、癡嗔一樣成為牽絆人生的繩索。若是長期背負這些繩索，我們就會輕易地被痛苦與絕望俘獲，整日在混亂的心境中無力地掙扎。即將到來的幸福也會在不遠處停下靠近的腳步。只有擺脫這些繩索的束縛，我們才能與幸福相擁而行，享受到真正的快樂。

佛說，一花一世界，一葉一如來。我們可以從一個簡單的事物中看到整個世界的實相。無論是大海掀起的滔天巨浪，還是草原上奔跑著的無數牛羊，它們只會令我們感受到大海的壯闊和草原的富饒。至於二者到底如何，我們還是不得而知，不若將巨浪中的小魚或是草原上快樂的土撥鼠作為研究的對象。

人生路上如能秉持簡約鮮明的風格同樣可以乘風破浪。它不僅簡化了探究的過程，還可以達到窺一斑而見全豹的效果。生活並不需要刻意的追求，無限制的索取，因為簡約本身就是一種幸福，一種快樂。

【蓮心慧語】

無門慧開禪師有言：「春有百花秋有月，夏有涼風冬有雪；若無閒事掛心頭，便是人間好時節。」種類繁多的物象是心中雜念的重要來源。與其在這些雜念上耗費心思，不如做一種少而實在的舉動，過一種簡約的生活。

永嘉玄覺禪師在《證道歌》中有一段話：「行亦禪，坐亦禪，語默動靜體安然。」無論是行走、坐臥，還是語默動靜，只要能體會到安定自然，就在禪裡面。禪宗講究心的自在、明淨和煩惱的解脫。若是能夠在任何情境面前都保持淡定的心態，我們就能達到一心不生、萬法無一的境界。紫壺和尚便是一位深諳其中真諦的大師。

紫壺和尚在他所住的寺廟山門處立了一塊牌子。牌子上寫著：「紫壺和尚有一條狗，向上方撲，能咬到人的頭；向中間撲，能咬到人的腰；向下撲，能咬到人的腳。如果妄自揣摩議論，你就會頃刻間失去性命。」每當新來參訪的人來到此處，紫壺和尚就大喝一聲：「看狗！」只要新來的人一回頭，紫壺和尚就掉頭走出方丈室。

又有一天晚上，紫壺和尚深夜時分在後面的廁所外面大喊：「抓賊！抓賊！」這時，他在黑暗中碰到一個僧人，就一把揪住對方的胸口說：「抓到了！抓到了！」僧人辯解說：「和尚！我不是賊啊！」紫壺和尚說：「說你是賊你就是賊，你竟然還沒有承擔的膽量。」

無論是山門牌子上的狗，還是半夜中捉賊，都是紫壺和尚故意設置的情境。與平常的情境相比，這兩個情境略顯奇特。紫壺和尚就是希望借助這兩個奇特的情境來指引弟子們開悟，觀察弟子們是否具有淡定之心。

在任何情境面前處變不驚不僅是悟道的重要步驟，也是從生活的逆境中超脫的重要方法。古人有言：「文似看山不喜平，畫如交友須求淡。」不過，在現實生活中，我們還是更喜歡一帆風順。即使遇到了預想中的困難，我們也會心生不快，更何況是逆境呢？

大多數人對於逆境持有一種極端抵觸的心理。一旦陷入逆境，我們就如臨大敵，隨時準備拿起身邊的任何一件東西作為武器進行反擊。此刻，對逆境的厭棄和不成功便成仁的決絕之心充溢著整個胸膛。若在與逆境的對壘中失利，我們就會徹底喪失信心和勇氣，一下子就跌進了人生的谷底。

六祖慧能認為，參禪的關鍵並不在於打坐不打坐，而在於怎樣去修心。只有心先進入禪的境界，人才可能修成禪，才可以從禪定中體會到何為自由。如何面對逆境同樣是一種參禪的過程。我們只有先靜下心來，以淡定的心態面對自己的處境，才能洞悉事情的真相，才能在逆境中站穩腳跟。

「心生則種種法生，心滅則種種法滅。」心是一切的基礎，萬境處於一心。我們如果能修好自己的一顆心，悅納一切情境帶來的苦樂悲喜，就能淡定地面對任何情境，不再受逆境的干擾，就能找回久違的自在逍遙。

【蓮心慧語】

佛說，春來任他百花開，秋去隨他黃葉散。無窮般若心自在，清淨自有菩提伴。生活的情境總是那樣多姿多彩，當然有順境，也有逆境。我們若是能修好自己的一顆心，淡定地面對任何情境，就可以跳出逆境的包圍圈，安享自在超脫的生活。

打開通向大千世界的門扉

有一天，南泉禪師正在禪房中參禪。突然，廊下傳來了一陣嘈雜聲。原來是東西兩堂的弟子們正在爭奪一隻貓。南泉禪師走出了禪房，將貓抓到自己手中。弟子們一下子靜下來。

這時，只聽南泉禪師說道：「你們如果說對了，我就不殺這隻貓。」

雖然在場的人很多，但是沒有一個人能夠回答出南泉禪師的深意。

於是，南泉禪師就把手中的貓斬成兩段。

後來，南泉禪師將這件事告訴了趙州禪師，問他會怎麼做。趙州禪師沒有說什麼，只是將自己腳上的草鞋脫下來頂在頭上，從禪房中走了出去。

南泉禪師說：「你如果當時在場的話，就一定能救得了那隻貓。」

在這則公案中，貓只是一個引子。南泉禪師捉住貓，就是為了想要考察弟子們的悟性，希望他們在悟道的過程中不要只停留在言語的層面，而要用眼去看，用心去感受。可惜，當時在場的弟子沒有一個人能領會南泉禪師的深意。而趙州禪師不拘形式的回答卻深得南泉禪師之意。

這樣的情形在生活中也並不少見。世界因為有了不同的聲音才變得不拘一格，精彩紛呈。大家如果都長著相同的面孔，說著相同的話，就不僅僅是單調的問題了。開始的時候，我們可能會感受到一種久違的安全感。不過，時間久了，我們就會逐漸沉溺於這種高度一致的氛圍當中，因為身在其中的人不會受到任何質疑和觀點上的挑戰。

過於趨同的模式很容易在無意間將我們帶入到處一片祥和的誤區當中。直到痛苦突然襲來，我們才發現自己心中的樂園早已變了模樣，急切之中想要和身邊的人商量一下對策，結果映入眼簾的卻是與自己一樣愁眉苦臉的人。原來大家都是一樣的束手無策。此刻，許久未見的煩惱、悲傷、焦慮一起襲來。負面情緒頃刻間就填滿了心中的每一片淨土。

《華嚴經》中有言：「如懸鏡高堂，無心虛招，萬象斯鑒，不簡妍媸，以絕常無常之靜心，照常無常之圓理。」世間萬象的妍媸、巨微，都只是一種表象。我們如果能觀照自己的內心，形成自我獨立的見解，就能順利地遮罩模仿帶來的干擾，驅除內心的雜念，得到心靈的安定和平靜。一味地模仿不僅會使自己成為形式的俘虜，還會令視野失去拓展的空間，泯滅自我的特色。古人就曾以邯鄲學步、東施效顰深以為戒。

雖然生活給予每個人的陽光雨露並不相同，但在佛祖面前，眾生的地位是平等的。只有從自己的本心出發，發揮自我認知上的優勢，我們才能滿懷信心地針對事情的實際情況做出合情合理的判斷，才能擺脫趨同模式帶來的種種煩惱、憂傷和焦慮，享受真正屬於自己的快樂。

【蓮心慧語】

星雲大師說：「精神的提升、心胸的開闊，能使人生的境界擴大。」如果總是停留在形式上，停留在對他人的模仿中，我們就會在狹隘的環境中折斷自己的一雙翅膀，失去展翅飛翔的能力。所以，唯有勇敢地從模仿的堡壘中走出，以自我的本心作為判斷事物的出發點，我們才能從狹隘的環境中走出，擁抱快樂自由的生活。

第七章 終止內心的暴力——佛說慈悲

【頌】虎頭虎尾一時收，凜凜威風四百州，卻問不知何太險。師云：「放過一著。」

【評】慈悲就是要瞻前顧後，普度眾生。我們如果能用一顆菩提心去溫暖他人，能夠直面承擔，就可以終止內心的暴力，就可以將歡喜帶給他人。

我們的心就如一座花園，其中蘊藏著各種各樣的種子。每當憤怒、暴力、恐懼的種子破土而出時，我們便會失去燦爛的笑靨，墜入傷感抑鬱的深淵。每當理解、寬恕和慈悲的種子茁壯成長時，愛與和平之花就將綻放，善意也將在人與人之間流傳。生活因微笑而美麗，人生因慈悲而精彩。我們只有心懷慈悲，才能融化人們心中的堅冰，才能擁有歡喜人生。

真正的善良是普度眾生

佛家認為，真正的善良首先應該建立在眾生平等的基礎之上。世有平等，然後有真慈悲。若是一個擁有很多財物的人將自己的東西送給缺衣少穿的人，這並不是慈悲，而是憐憫。若是我們只對品德俱佳的人給予同情和幫助，而對品行有虧的人的困難漠然處之，這並不是慈悲，而是一種品行上的歧視。若是我們只將關愛動物的目光放在國家保護級動物的身上，而對自家的寵物視若無睹甚至虐待，這並不是慈悲，而是一種名不副實的熱愛。

世間萬物一直生活在彼此之間的因緣際會中。沒有誰可以離開周圍的同伴獨自前行，也沒有誰可以任意地改變身邊的人或物的生存軌跡，即使是身為世間最具智慧生物的我們也不例外。因此，無差別地珍惜自己身邊的人和物才是真正的善良者所持有的態度。《碧巖錄》中就載有鎮州三聖慧然禪師就此問題向雪峰義存禪師請教的內容。

有一天，鎮州三聖慧然禪師問雪峰義存禪師：「已經修正透脫的人，就像任何網都網不住的金鱗鯉魚一樣。這樣的人要吃怎樣的食物呢？」

雪峰義存說：「等你修行到像任何網都網不住的金鱗鯉魚那樣境界的時候，我再來告訴你。」

三聖禪師說：「你是一個指引過一千五百人的高僧，怎麼會不懂這樣的話呢？」

雪峰義存說：「為了弘揚佛法，我一直在住持在世的事情，實在是太忙了。」

公案中提及的金鱗鯉魚就是悟道高僧的象徵。三聖禪師想知道的是已經悟道的高僧還能做什麼工作。雪峰禪師先後提供了兩個答案，一個是「等你修行到任何網都網不住的金鱗鯉魚那樣境界的時候，我再來告訴你」，一個是「為了弘揚佛法，（我）實在是太忙了」。實際上，這兩個答案蘊藏著雪峰禪師的真意——高僧在悟道之後並不會在原地停留，而會立刻投入到滾滾紅塵當中，做普度眾生的工作。

滾滾紅塵便是每個人的人生道場所在。身為世間眾生的一員，我們同樣是自由的熱愛者，同樣渴望得到愛和尊重，得到他人的憐惜與關懷，同樣需要寬厚的肩膀，需要有人來撫慰受傷的心靈……這許多的共同點正是眾生之間存在著「同體共生」關係最真實的寫照。我們對周圍的人和物心懷憐憫，就是對我們自己心懷憐惜。

因此，對眾生心懷憐憫不僅是一種博大的胸懷，更是一種對於自我與萬物之間緊密聯繫的理解和頓悟。星雲大師認為，真正的財富在自己心裡。如果每天有大量的財產供自己支配，每天享受著高消費的生活，而自己的心卻日漸荒涼，那麼我們就是不折不扣的窮人。因為我們已經失去了與眾生相伴的機緣，失去了生命之源。如果這樣的現狀不能改變，我們就會像一朵花一樣枯萎。

在佛祖眼中，世間眾生都是平等的，都是值得珍惜和熱愛的。我們也是眾生中的一員，為何不能去做珍惜和熱愛的工作？與其像一朵嬌弱的花一樣枯萎，不如用一顆悲憫之心去關照眾生。當眾生從我們這裡獲得愛與尊重，他們同樣會將這份愛與尊重帶給我們。

【蓮心慧語】

《大智度論》中有言：「孔雀雖有色嚴身，不如鴻鵠能高飛；世人雖有富貴力，不如學道功德深。」真正的財富在我們心中。即使擁有再多的財富，若是心中荒蕪，也只會逐漸迷失自我。當我們對眾生心懷悲憫，我們便找到了活力之源。更可貴的是眾生會給予我們更多的悲憫。

懷有一顆菩提心

世人常說，佛有菩提心。《莊嚴論》曾經為菩提心下了這樣一個定義：「菩提心的根本就是大悲心。」大乘佛法的綱領《大日經》中也提及「菩提心為因，大悲為根本，方便為究竟」。大悲心是一切功德的來源。當大悲心的力量越來越強烈時，我們對於眾生的愛和與人方便的責任感就會越強烈。相應地，產生的菩提心的力量就會越強大。趙州禪師就曾就此進行了形象的闡釋。

有一天，一位僧人問趙州禪師：「聽說您曾經在南泉普願禪師門下參訪，有這回事嗎？」

趙州禪師說：「鎮州出了個大蘿蔔頭。」

僧人想要向趙州禪師請教是否曾在南泉禪師門下悟得佛法，而趙州禪師卻藉此偷換了概念。因為在趙州禪師看來，若是自己直接將悟得的佛法傳授給提問的僧人，僧人就只能學到佛法的皮毛。因為沒有經過親身的證悟很難領悟佛法的真諦。所以，本著對僧人負責的精神，趙州禪師才用「鎮州出了個大蘿蔔頭」作為答案。這便是趙州禪師回答的深意，也是趙州禪師一顆菩提心最真實的體現。

菩提心並非高不可攀的通天寶塔，也非虛無飄渺的海市蜃樓。它就那樣真實地存在於我們的生活中。路見不平拔刀相助是菩提心，不欺侮弱小是菩提心，不因善小而不為也是菩提心。當菩提心在心中生根發芽之後，我們的心地會變得更加柔軟，內心的暴力會逐漸停止，眼前即將呈現出一個嶄新的世界。

阿那律是一位勤奮的修道者。他總是孜孜不倦地研讀經文，經常整夜不睡。後來，由於過度勞累，阿那律失明了。他雖然很傷心，但是卻沒有絲毫的頹唐，反而更加勤奮地研習體悟了。

有一天，阿那律的衣服破了一個洞。他便自己動手縫補。補著補著，線脫了。雙目失明的他只好不斷地在身邊摸索，樣子十分狼狽。佛祖知道阿那律遇到了困難，就來到了他的房間，替他找到跳脫的線，並幫他穿針。

「是誰在幫助我穿針呢？」阿那律問道。

「是佛祖在為你穿針。」佛祖一面回答，一面幫阿那律縫補他有破洞的衣服。

阿那律感動得流下淚來。

「同情別人，幫助別人是我們的職責所在。」佛祖這樣教育他的弟子們。

佛祖主動去踐行自己的開示，為弟子們樹立了一個好榜樣。弟子們知道這件事之後，十分感動。他們都相互勉勵，相互鼓勁，為大眾服務。

穿針引線只是日常生活中的小事，佛祖卻能將它當作自己神聖的職責來加以踐行。一滴水折射的是整個太陽的光芒。佛祖於眾生的愛憐之心可見一斑。弟子們也正是受佛祖榜樣力量的影響，將為大眾服務作為己任。

我們都是人生海洋中的一顆小水滴。若能將幫助他人作為一種責任來踐行，人生中便多了幾分關愛與尊重，少了幾分煩惱與痛苦，更令人驚喜的是，在海洋深處上將會長出一株象徵覺悟的菩提樹。當菩提樹逐漸長成參天大樹之時，我們也將結束回歸澄明心境的旅程，與自己關愛與尊重的人結伴同行。

【蓮心慧語】

佛說，諸惡莫作，眾善奉行。世間的萬事萬物都是由小事組成的。我們如果能夠做到不以惡小而為之，不以善小而不為，就可以將自己對於眾生的愛、責任與尊重很好地傳達出來，就可以終止自己內心的暴力，與嶄新的世界相伴而行。

青山遮不住，慈悲自心生

有一天，新興嚴陽尊者在路上遇到一位僧人。尊者舉起拄杖就問：「這是什麼？」

僧人回答：「不認識。」

嚴陽尊者說：「只是一條拄杖而已，你都不懂得。」

嚴陽尊者又拿著拄杖向地上一扎，繼續問道：「這樣你懂了嗎？」

僧人回答：「不懂。」

嚴陽尊者說：「只是一個土坑你都不懂。」

嚴陽尊者又把拄杖扛到自己肩上，問：「你會了嗎？」

僧人還是回答：「不會。」

嚴陽尊者說：「橫扛著拄杖，不去管別人，一直向千座萬座山峰走過去。」

嚴陽尊者是一位悟道高僧。他對僧人如此耳提面命，就是想要僧人領悟大道。可惜，幾次三番的開示，奈何僧人就是不明白。結果，嚴陽尊者只好留下「一直向千座萬座山峰走去」的開示離去。其實，並非僧人不想學習嚴陽尊者的大道，只是因為他們雙方沒有找到與對方交流的契合點。

同樣的情景也一次又一次地出現在生活裡。「為什麼受傷的總是我？」我們耳邊常常會傳來這樣的聲音。聲音的主人除了渴望表達自己獨立思想的少年，更多的還是那些表達自己善良和悲憫之心未果的人們。他們有著最美好的初衷，希望透過自己的努力來讓更多的人與痛苦告別，與歡喜相伴，可惜卻未能如願。

古人說，要瞭解某一位禪師所講的話，必須要先知道他所在的宗派旨趣，千萬不要自立規矩。同樣地，與人為善也要從他人的實際出發，對症下藥。每個人的心念、智慧和領悟程度都是不同的。如果忽視了這一點，即使品德再高尚，我們也無法將與人為善的美好初衷變為現實。

妙莊嚴王有兩個兒子淨藏、淨眼。他們從小就修行菩薩道，已經有了神通。有一天，淨藏、淨眼的師父對他們講希望度他們的父親皈依佛門。

「父親從來不信佛。這件事恐怕很難。」兩位兄弟爭先恐後地告訴師父。

「那你們想辦法讓他來見我一次吧。」師父說道。

兩兄弟回宮之後就把這件事對母親講了，希望從母親那裡得到幫助。

母親為難地說：「你們父親並不信仰佛教呀……」

「可是供養佛是我們應該做的事啊。」兩兄弟答道。

母親說：「這樣好了。你們修行應該會神通吧？只要你們在父親面前顯露一下，我再勸一勸，應該會好一些。」

於是，母子三人來到了妙莊嚴王的宮殿。

「大王，我和兒子來看您了。」母親說。

「兒子？」妙莊嚴王很奇怪，明明只有妻子一個人呀。

這時，窗外傳來了兩兄弟的聲音：「父親，母親，我們在這裡。」

妙嚴莊王和妻子抬頭一看，兩個兒子在半空中站著。他們先是變成了兩座金光閃閃的佛像，又變成了開滿花的菩提樹，又變成了兩匹駿馬……

兩個兒子的神功讓妙嚴莊王嘖嘖稱奇，並一定要去拜訪兒子的師父。

於是，妙嚴莊王帶著后妃、兒子們和群臣去拜訪了師父。在聽過師父講解的佛法之後，妙嚴莊王心中產生了極大的歡喜，立即決定皈依佛法，出家修行。

正是由於兩兄弟對於父親的瞭解，在父親面前顯示了神通，才使父親皈依了佛門。否則，就會引起父親無限的反感。與人為善同樣也是一種皈依。只有找到自己的善念與他人的善念的交匯點，使雙方的智慧和心性不再發生衝突，我們就可以不再因為悲憫之心而生出怨念，就可以享受自在的生活。

【蓮心慧語】

圓悟禪師說：「世尊三百餘會，觀機逗教，應病與藥，萬眾牽絆說法，畢竟無二種語。」每個人都有著不同的心性和智慧。要想存善念，行善行，我們就要從被幫助者自身的實際出發，對症下藥，尋找雙方交流的契合點。唯有如此，我們期待中的慈悲之花才會怒放。

發乎慈悲，行諸捨得

俗話說：「教會徒弟，餓死師傅」。生活中，我們在給予他人幫助的時候，常常會聽到這樣的「忠言」。帶來「忠言」的人往往面帶嚴肅，態度真誠，令人不由得不相信他們所言的真實性。於是，質疑就在這一刻開始了。慢慢地，我們對自己的慈悲之心產生了懷疑，並最終停止了自己與人為善的行動。

星雲大師說：「捨與得就如同天與地，陰與陽，水與火一樣是對立又統一的矛盾概念，相生相剋，相輔相成。」我們之所以會深深認同帶來「忠言」者的話，就是因為自己心中還有放不下的東西。正是這些放不下的東西使我們如骨鯁在喉，無法看清前進的方向，只是在捨與不捨之間不斷糾纏。如何才能解決捨得與慈悲之間的矛盾呢？馬祖禪師就曾以野鴨子為喻對弟子百丈禪師進行開示。

有一天，馬祖道一禪師與弟子百丈懷海禪師同行。正好這時一群野鴨子在他們頭上飛過。

馬祖禪師問：「那是什麼？」

百丈禪師回答說：「野鴨子。」

馬祖禪師問：「牠們要到什麼地方去？」

百丈禪師回答說：「飛過去了。」

突然間，馬祖禪師扭住了百丈禪師的鼻子，百丈禪師痛得直叫。

馬祖禪師說：「叫你不要說飛過去，你又說飛過去了。牠們什麼時候飛過去了？」

就整則公案來看，身為弟子的百丈禪師一直處在一種模糊的狀態中。師父馬祖禪師明明問的是人的本性，而他總是陷在野鴨子這個客觀的實體中無法解脫出來。然而，馬祖禪師並沒有就此放棄，卻突然間扭住了百丈的鼻子。這個突如其來的行動蘊含著無限的深意，它將幫助百丈直面活生生的當下，遠離頭腦中原有的知識性假想。馬祖禪師對於弟子的拳拳之心由此可見一斑。

唐代大文豪韓愈曾經在《師說》中寫下了這樣的文字：「師者，所以傳道受業解惑也。」身為老師，首要職責就是向弟子傳授知識，幫助弟子解除各種疑惑。佛家講究為眾生大開方便之門，與人方便，自己方便。馬祖禪師對弟子的殷切之意便是為弟子大開方便之門，便是韓愈《師說》中「師者」的最佳注腳。

世人皆有利己之心。每當「危險」悄悄靠近時，人們總會本能地做出趨利避害的反應。不過，正如星雲大師所言捨與得是相生相剋的，我們不可能得到所有自己想要得到的東西。所以，與其整天憂慮他人是否可能超越自己，不如敞開心扉放下執著。

另外，我們還可能會在為他人提供幫助的過程中發現新的機遇。這個機遇將使原先的想法變得更為成熟完善，帶來比預期更多的驚喜。若是不能放下執著，不肯將自己的想法與他人分享，我們就可能與發展的重要機遇失之交臂。所以說，善待別人就是善待自己。

佛說，寧靜即釋迦。當心境變得寧靜平和之後，理性就回到了我們身邊。時刻有理性伴隨身邊，執念便不會越過心境的堤岸，我們便可以用悲憫與善良之心來關照需要幫助的人，並給予他們詳盡而徹底的指導。當他們迎接成功的曙光時，慈悲之花就會在我們心中怒放。

【蓮心慧語】

星雲大師認為，是否捨得是天堂和地獄的區別所在。我們如能放下心中的執著，做到以捨為得，為他人提供最徹底的幫助，就將遠離吞噬自己快樂的地獄，與他人共同沐浴慈悲的陽光。

不必委曲求全，不必睚眥必報

從儒學最早的經典著作《論語》開始，人們便開始思考這樣一個問題：人生到底該不該以德報怨？可是，千百年來，一致的結論卻始終沒有出現。因為若是贊同以德報怨，又無法找出更好的方法來回報別人的恩德；若是反對，又會陷入冤冤相報的怪圈。那麼到底該怎樣做才是符合慈悲之心的做法呢？《碧巖錄》中收錄的雲門禪師的相關開示或許能為我們帶來啟迪。

有一天，雲門文偃禪師問一位身邊的僧人：「你最近是從什麼地方回來的？」

僧人回答：「我剛從蘇州西禪和尚那裡來。」

雲門禪師問：「西禪和尚最近說過什麼話沒有？」

僧人攤開了雙手。雲門禪師打了僧人一掌。

僧人說：「我有話要說。」

雲門禪師卻攤開雙手。

僧人無言以對。

雲門禪師又打了僧人一掌。

眾所周知，佛家講究以心印心。一個人只有既見到自己的本心，又知曉他人契悟的本心，方能得到佛法的真諦。故事中的僧人便是不能知曉他人契悟本心的典型。他只被雲門禪師打了一掌之後就急忙大喊「我有話要說」，犯了「瞻前不顧後」的毛病。果然，當雲門禪師攤開雙手時，他便只好默默無言了。

古人常說：過猶不及。我們若是像故事中的僧人那樣「瞻前不顧後」，就會因為見解不夠深入而有失偏頗，違背了慈悲之心的初衷。所以，恰如其分便成為終止人們內心暴力最好的選擇。這一點與佛家講求的不必委曲求全、不必睚眥必報是深深契合的。當他人無法領悟眼前事物飽含的深意時，我們無須花費大量時間和精力迫使他們接受；當對方已經有所省悟時，我們只需及時伸出鼓勵之手，幫助他們重返快樂的世界。

不過，如果要真正做到不必委曲求全、不必睚眥必報，做事的方法和智慧也是非常必要的。這樣，我們才能與他人並肩站立在實實在在的大地上。

一位禪師曾對他的弟子講起過這樣一個故事：一天晚飯後，在山中茅屋修行的禪師就踏著月光外出散步了，回來之後卻赫然發現自己的茅屋竟然被小偷光顧了。更湊巧的是此刻光顧茅屋的小偷正從屋中走出，小聲抱怨著主人的貧窮。於是，禪師迅速脫下了自己的外衣。所以，當小偷出現在門口時，一位手拿外衣的禪師映入了眼簾。

方才還膽大如牛的小偷頓時手足無措起來。正在這時，禪師開口了：「謝謝你走這麼遠的路來看我。夜深了，你穿上這件外衣快點回家吧。」說完，禪師就把衣服披在了小偷的身上。

小偷不知如何是好，就低著頭溜走了。

看著小偷離去的背影，禪師不禁感歎道：「真是個可憐的人！只盼望他能夠踏著我送去的一輪明月下山。」

第二天，禪師一覺醒來，突然在門口發現了昨天他送給小偷的衣服。於是，禪師高興地說：「我終於把一輪明月送給他了。」

禪師從一開始就發現了小偷，卻並沒有揭發他，只是送上了一件外衣。這件外衣為小偷留下了充分的餘地。第二天，小偷悄悄地將外衣送回就表明了他的改過之心。這樣，禪師和小偷就都得到了自己的快樂。禪師為了小偷明白自己的慈悲之心而快樂，而小偷則為自己沒有辜負禪師的殷殷之心而快樂。是禪師用自己的寬容為小偷送上了一輪照亮前途的明月。

不睚眥必報、不委曲求全，堅持有原則的寬容，這便是人生。只是寬容並不等同於縱容。縱容帶來的快樂只是轉瞬即逝的煙花，綻放之後就迅速失去了蹤影，而有原則的寬容卻是一杯陳年的佳釀，時間越久味道就越香醇，直到滲入每個人的內心深處。

【蓮心慧語】

聖嚴法師說：「不要以富貴貧賤論成敗得失，只要能盡心盡力來自利利人。」生活中既需要全心全意，也需要量力而行。不委曲求全、不睚眥必報便是照亮我們人生之旅的那盞明燈。正是這有原則的寬容將會引領人們終止內心的暴力，邁向人生的坦途。

你若安好便是晴天

有一次，一位官員問趙州禪師：「和尚會進地獄嗎？」

趙州禪師回答：「我第一個進！」

官員感到很奇怪：「您是得道高僧，修行得非常好，怎麼會到地獄裡去呢？」

趙州禪師回答：「我不下地獄，誰來指引你呢？」

「我不下地獄，誰下地獄」是佛家的著名法理。趙州禪師這樣回答絲毫沒有貶低提問官員的意思，而是在表達一種禪宗的情懷。在佛家看來，潔身自好並不是真正的慈悲。真正的慈悲就是要對眾生懷有一份責任感，不附加任何條件地幫助他人，直面承擔他人所遇到的困難。不置身事外，不冷眼旁觀，勇敢地入世行慈悲，普度眾生。當這樣沒有任何附加條件地行善時，我們便達到了佛的境界，便可獲得人生的最高道德。否則就會像下面公案中的僧人一樣失去當下悟入的根基。

曾經有一位僧人向香嚴智閑禪師請教：「禪師，什麼是國王索取仙陀婆？」

香嚴禪師說：「請你走到這邊來。」

僧人走到香嚴禪師身邊。

香嚴禪師說：「你的根器真的是太拙劣了！」

後來，這位僧人又去請教趙州禪師「什麼是國王索取仙陀婆」。

趙州禪師走下了禪床，彎著腰雙手交叉。

提問的僧人遲遲沒有領悟「國王索取仙陀婆」的真意，是因為他不敢直下承當。在他看來，領悟「國王索取仙陀婆」是像香嚴、趙州這樣的高僧才能做到的。自己只是一個小小的禪僧，不可能領悟到其中的深意。

不敢直面承擔是普度眾生行動中的大忌。在現實生活中，有很多人希望自己能夠為他人提供幫助，可只要對自己想要幫助的對象有所瞭解之後就開始打退堂鼓。究其原因，還是他們的私心嚇退了自己。

當問題擺在面前時，很多人都會在做出具體行動之前利用心中的小算盤來計算一下自己的得失，只要計算的結果無法滿足預期的打算就會馬上鳴金收兵。在他們看來，自己不受損失才是最重要的。正是過重的私心使得他們總是表現出有心無力的樣子。若是不能蕩滌這種過重的私心，幫助他人將永遠是一種紙上談兵。

佛家認為，淨心不僅要去除怒心、嗔心、淫心，還要從根本上去除私心。去除私心不一定非要標榜自己是如何大仁大義，做足表面文章，而是要從內而外地淨化自己的心靈。古人說：「人不獨親其親，不獨子其子。」我們只有真正為他人著想，將他人的痛苦當作自己的痛苦，將他人的困難當作自己的困難，才能使自己的心得到徹底的淨化。這樣，我們心中才將生出無限的大愛，才不會在他人的困難面前裹足不前。

直面承擔不僅是一種態度，更是一種社會責任感。敢於承擔責任的人絕對不是一個只顧自己利益對他人視若無睹的人。在日常生活中，他們總是將最重的擔子留給自己；在社會生活中，他們總是全力以赴解決所有遇到的困難。他們從不會推諉或是袖手旁觀。《大智度論》中有言：「大慈，與一切眾生樂；大悲，拔一切眾生苦。」敢於直面承擔他人困難的人就是用自己的行動實踐了這一箴言。

【蓮心慧語】

大乘佛法說：「人要勇於擔當。要具法眼故，知好賴故，明是非故，莊嚴國土，利樂有情，應世入世。」人要勇於直面承擔。如果放棄了承擔，就意味著自己的心將再次迷失在對於自我利益的過度追求中。唯有主動承擔，我們才能更好地幫助別人，更好地成就自己。

心中常歡喜，當下得解脫

生活中，我們常常會被一些突如其來的事情打斷心緒，陷入進退兩難的境地。進，無法找到繼續前進的思路；退，又無法回到原來平和無瀾的心境。若是這樣的情況發生在幫助他人的過程中，我們就會更加地無奈。因為若是不能及時地想出有效的解決方案，我們就會將所有的負面情緒傳染給他人。如何才能避免這種情況的發生呢？佛學大家臨濟禪師對此有著獨到的見解。

當年，臨濟禪師曾在黃檗禪師門下參訪。在參訪的那段時間裡，臨濟禪師種了很多松樹。一天，黃檗禪師問他：「你為什麼在深山中種了這麼多松樹？」

臨濟禪師回答：「我的目的有兩個：一是為了增添此處的優美景致，二是為了給後來者做個榜樣。」說完，臨濟禪師又掘了一下地。

黃檗禪師說：「雖然是這樣，你已經被我打了二十棒了。」

臨濟禪師又掘了一下地，說道：「噓！噓！」

黃檗禪師說：「當你成為禪宗的傳承者的時候，禪宗一定會在世上大大弘揚。」

後來，大溈慕哲禪師曾經說：「像臨濟禪師那樣像大地一樣沉平、還要能夠臨危不亂的人，才能稱得上是真正的大丈夫。」

臨濟禪師深受黃檗、大為兩位禪師的讚賞，並不僅僅是因為他與黃檗禪師的問答極為精彩，更因為他遇事能夠心底沉穩，臨危不亂。大為禪師認為，只有像臨濟禪師這樣的人，才能稱得上是真正的大丈夫。也只有這樣的大丈夫，才能做到真正的慈悲。

慧律法師說：「欲行平坦路，先令平其心。」真正的慈悲不僅是要用愛的力量去感化他人，還要有臨危不亂的心態去安定他人不安的心。

一位禪師發心去南海朝聖。一日，禪師所坐的船在途中遇到狂風，船艙也因艙中重量超載而進水。眾人一片忙亂。有人建議由船上的道士作法來止住風浪，可是道士的符咒已經被水浸濕無法發揮作用；有人建議由幾個人乘小船先去附近的村落求救，可是小船一放下水就被大浪吞沒，再也不見蹤影……幾次嘗試失敗，局面變得更加混亂。

這時，禪師從人群中站了出來：「眾位施主，不要驚慌。只要按照老僧的辦法去做，我們大家一定能夠逢凶化吉，遇難成祥。」禪師聲音洪亮，目光堅定。看著禪師胸有成竹的樣子，大家都願意聽從禪師的分派。

禪師將船上眾人分成幾組：一組負責清點艙中的貨物，將一些笨重的東西拋入海中；一組負責利用船艙中的布匹堵住進水的地方；一組負責集中船上有鮮豔顏色的衣服做成船帆，以便引起過往船隻或是附近居民的注意；一組負責集中分配船上的乾糧，以便保持大家的體力。分配完畢之後，大家按照禪師的吩咐各司其職。禪師一邊細心地檢查各組的工作，一邊不斷地為大家鼓勵打氣。

一個時辰之後，幾艘漁船發現了禪師所在的船。大家終於得救了。船隻遇險使得眾人手忙腳亂，人心惶惶。正是禪師臨危不亂，指揮若定，才使大家慌亂的心恢復平靜，積極投身到搶險工作中去。最終，大家在幾艘漁船的幫助下脫險獲救。

海濤法師說：「心念有強大的力量，所以才有必要把心念拿來念佛，把我們的心念安置在最高能量，最歡喜、清淨、慈悲的狀態。」遇到突發情況並不可怕，可怕的是在突發情況來臨時我們自己先慌了陣腳。只有心地沉穩，臨危不亂，我們才能生出慈悲、歡喜之心，才能幫助他人走出困境。

【蓮心慧語】

聖嚴法師說：「當我們遇到問題時，能夠心悅誠服、歡歡喜喜、平平靜靜地面對它、解決它，當下即得解脫。」在為他人提供幫助時出現突發情況千萬不要驚慌。唯有心底沉穩，臨危不亂，我們才能最終解決問題，才能使雙方感受到生活的快樂。

第八章　完成自我的修持——佛說格局

【頌】盡大地是藥，古今何太錯！閉門不造車，通途自寥廓。錯！錯！鼻孔遼天亦穿卻。

【評】每個人都希望自己的人生能有一個大格局。但是，這個格局必須建立在開放通達、心境一如的基礎之上。唯有如此，我們才可以開闊自己的視野，才能從各方接收助力，才能有所成就。

幾乎每個人心中都有一個亟待實現的夢想。為了使自己的夢想變成現實，我們付出了種種努力，可是結果卻讓我們心生沮喪。是我們不夠努力，還是命運弄人？都不是。只因為我們心中缺少了一個導航儀——自我修持的格局。沒有了它的指引，我們的追夢之路就失去了目標和航向。唯有在心中建構起自我嶄新的格局，我們才能在實現夢想的天空中展翅翱翔。

人生當有大格局

竹密不妨流水過，山高豈礙白雲飛。格局就是一種志向，一種目標。有了格局，我們便有了前進的方向。格局有多大，未來就有多寬廣。當大格局出現時，一個嶄新的世界便會展現在眼前。這裡不僅有優美迷人的風景，更有許多意料之外的饋贈。若是生命中有了它的印記，理想就不再是鏡花水月，而是隨時可以觸摸的生命。《碧巖錄》中「鹽官犀月」的公案就是這一道理最好的明證。

有一天，鹽官齊安禪師對侍者說：「請幫我把那把畫著犀牛玩月的扇子拿過來。」

侍者回答說：「那把扇子已經破了！」

鹽官禪師說：「扇子破了，那就把犀牛角骨拿給我。」

侍者回答不上來。

投子大同禪師說：「就算拿出來，恐怕犀牛的頭角也不會齊全了。」

石霜慶諸禪師說：「如果把東西拿給和尚，就什麼也沒有了。」

資福如寶禪師畫了一個象徵真如的圓相，並在中間寫了一個牛字。

保福從展禪師說：「和尚年紀大了，還是別再問別人好了。」

其實，鹽官禪師並不是真的需要犀牛玩月的扇子，而是希望侍者不要總將目光停留在已經壞了的扇子之上。開闊視野，建立嶄新的大境界才是禪師真正想要見到的。可惜，侍者並沒有明白鹽官禪師的深意。而公案後面所附四位禪師的評價卻是和鹽官禪師心有戚戚焉。

然而，要為自己的人生建構起人生的大格局並非易事。現實生活中常常會有數不清的煩惱、痛苦、嫉妒在困擾著渴望改變現狀的人們。即使已經對自己所處的困境有所察覺，大多數人的第一反應也並非是如何努力才能重獲自由，而是鋪天蓋地的憤怒。如此做法對於改變自己的現狀毫無幫助。若要走出眼前的困境，建構起屬於自己的大格局，明確的目標與更多的助力是必不可少的。而這一切的實現就需要我們培養自我十方齊應、八面玲瓏的本領。

佛說，怨親平等。回想一下自己的經歷，哪些事情是真正值得自己為之氣結的事情，哪些人可以真正稱得上是自己不共戴天的仇人。仔細想來，一件這樣的事也沒有，一個這樣的人也沒有。我們之所以會如此生氣是因為平時總站在自己的角度看問題。如果將心比心，易地而處又會如何呢？也許會比現在已經從他人那裡感受到的更瘋狂，更無法理喻。如此，我們便可以明白自己的心結所在，便可以想出辦法趕走心魔，恢復到原來的自由自在。

人們常說：茶性易染。殊不知人們的情緒和心情也會互相傳染。當自由自在的狀態重新回到我們身邊時，周圍的親友和同伴同樣會被這種氣氛所感染，同樣會心生歡喜，不再與惡劣的情緒為伴。如此，我們便會在人生旅途中獲得源源不斷的助力，便可以逐步建立起一個嶄新的大格局。

【蓮心慧語】

星雲大師說：「要給人信心，要給人歡喜，要給人希望，要給人方便，即使不得已要拒絕，也不要輕易地就拒絕，而要有代替地拒絕。」將心比心、怨親平等方是十方齊應、八面玲瓏本領的精髓。也唯有如此，人生的大格局才能逐步地建構起來。

心境一如，眼中方自有靈山

有一次，趙州禪師和弟子文偃禪師打賭。他們約定誰能將自己比喻成世間最下賤的東西，誰就獲勝。

趙州禪師說：「我是一頭驢子。」

文偃禪師接著說：「我是驢子的屁股。」

趙州禪師又說：「我是屁股中的糞。」

文偃禪師不甘示弱：「我是糞中的蛆。」

趙州禪師實在無法再繼續下去了，就問文偃禪師：「你在糞中幹什麼呀？」

文偃禪師說：「我在避暑乘涼啊！」

趙州、文偃兩位禪師談論的是人們心中最污穢的地方，但是他們卻能逍遙自在，保持心境一如。世間本沒有乾淨與污穢、美和醜的分別。我們從中看出了分別，是因為心中先存有好惡之念。

幾乎每個人都有過這樣的經歷。如果心中煩躁，周圍的人和事就會變得面目可憎，即使是自己本來憐愛有加的東西也會在這一刻變得醜陋不堪。不過，一旦心中的陰霾散去，這件東西又會變得和原來一樣惹人喜愛，我見猶憐。實際上，發生變化並不是這件東西，而是我們的心境。

當抱怨生活環境太差、辦事效率太低、不受重視的話整日不絕於耳時，煩惱、痛苦和嫉妒就會迅速佔領心中的每一片淨土，我們也會變得氣量狹小，不能容物，即使是一件小事也會引起軒然大波。而當快樂、歡喜的氛圍每日徜徉於身側時，本來澄明清澈的心田就會越發柔軟似水，寧靜祥和，胸懷也將變得開闊。此時，即便是身陷危機，我們也會從容不迫地探求策略，尋找轉機。

慈航法師說：「只要自覺心安，東西南北都好。」我們如果能夠保持心境一如，不被任何私心雜念所擾，就能夠包容萬物，建構起嶄新的大格局，就能走向自我人生的圓滿。雲門文偃禪師就曾就此對弟子進行開示。

有一天，雲門文偃禪師向弟子們發問：「從一合相來講，古佛和露柱相合是第幾機呀？」

弟子們都默然無語。

後來，雲門禪師就自己代替弟子們回答：「南山起雲，北山下雨。」

這便是佛家著名的公案「雲門露柱」。在此則公案中，雲門禪師希望弟子們能夠參透佛祖和事物本來面目之間的關聯，只可惜沒有弟子能夠領悟。於是，禪師便代答了「南山起雲，北山下雨」。意思是說山頭升起了雲彩，所以才會下雨。起雲下雨是自然規律，可以包容世間萬象。因此，弟子們若能放寬眼界，保持心境的自然平和，就能真正領悟師父的言中深意。

心境一如不僅是悟道的重要保障，還能幫助我們發現世界的本來面目。當拂去遮蔽眼目的喧鬧、安逸和奢華之後，一個消失已久帶著遙遠記憶的世界就那樣出現在眾人眼前。原來生命可以有如此美麗的倒影，每日都經過的小溪是那麼藍……心境一如，眼中方自有靈山。為了與久違的世界早日重逢，我們可以每天都為自己安排一段獨處的時間。屬於它的每一分每一秒都記錄著靜心與沉澱的過程。當那些擾亂心境的思緒不再成為困擾中的一員時，我們心中的大格局便完成了奠基，準備開始新的建構工程。

【蓮心慧語】

佛說，心行處滅，言語道斷。禪宗講究參悟，完全是心的體悟。人生格局的建構過程同樣是一種參悟的過程，同樣需要心的體悟。心境一如便是格局建構的堅實基礎。只有保持心境一如，我們才能完成人生格局的奠基，才能加速與久違的本來世界的重逢。

危機之中還有機會

從出生到死亡便是人的一生。這其中，有歡樂，有痛苦，有幸運，也有危機。可以說，人的一生一直在一條滿是荊棘的路上前行，只是人們應對的方式不同，也就有了迥然不同的各色人生。有的人擁有縝密的心思和敏銳的洞察力，能夠舉一反三，認識到荊棘背後隱藏的無限深意，所以一路平安。有的人只會消極等待，結果在歲月的流逝中蹉跎一生。

一路平安的人未必沒有遇到過困境，蹉跎一生的人未必沒有遇見過機遇。只是後者不懂得爭取，不懂得機遇很多時候都披著看似危險的外衣。當他們如夢方醒時，機遇早已遠去。所以，一雙善於發現的眼睛將會幫助我們發現危機中的機緣，做出極富遠見的決斷。雲門文偃禪師對於提婆宗的解說便為此提供了一個十分有益的注腳。

《楞伽經》說：「佛語心為宗，無門為法門。」馬祖道一說：「凡有言說是提婆宗。」就是用《楞伽經》中的這句話作為本宗的宗旨。你如果能徹底地去體味探究其中的深意，那麼就可以降伏印度九十六種外道；如果不能，那麼就會被判定在法戰中失敗了。

後來，雲門禪師評價道：「馬祖大師解釋得非常出色，可惜就是沒有人進一步去請教他，繼續向下探究這個問題了。」當時，有一位僧人問雲門禪師：「師父，提婆宗是什麼？」雲門禪師回答：「如果講九十六種外道的話，你就是最差的一種。」

雲門禪師這樣講是有深刻寓意的。因為就馬祖大師對提婆宗的界定來看，提婆宗就是用無礙的辯才來駁倒外道；就提婆宗的宗旨來看，卻是以心印心；二者之間似乎缺少一條連接的線索。這就是雲門禪師的用意所在，他希望弟子們可以向下探究，找到這條連接的線索。而提問的僧人卻是從提婆宗的界定出發，顯然並沒有經過細緻的觀察和縝密的思索。所以，雲門禪師才會講「如果講九十六種外道的話，你就是最差的一種。」

生活中像提問的僧人這樣缺乏遠見的行為並不少見，主要可以分為兩類情形。一類表現為消極謹慎的等待，任機遇在左顧右盼中溜走，空耗生命。一類表現為急功近利，對自己所要做的事情沒有一個明晰的見解就盲目前行，空做許多無用功。不過，無論是消極謹慎的等待，還是急功近利的前行，都是對生命和熱情無意義的浪費。因為它們都沒有抓住做事的根本——目的與行進方向，只是一味亂撞。

世間萬物皆是因緣而生。當我們毫無目的和方向性的亂撞時，失去的不僅僅是機緣，還有一顆為成功而跳動的清明的心。長期的等待或努力無果，熱情就會在不知不覺中消退，而隨之湧來的抱怨、委屈和痛苦就是熱情消退最直接的後果。它們會在我們與成功之間築起一道堅固的無形的牆。隨著這道牆的築起，我們的心也徹底迷失在一片愁雲慘霧中。

佛家認為，心無所住，便妄念不生；妄念不生，便沒有恐懼；沒有恐懼，眼前就只是一塊又一塊落腳的山石，危崖自然也如平地。當不再糾結於機緣錯失的痛苦，不再沉溺於失去目的和方向的恐懼時，我們便可以靜下心來去分析事情的情況，探究種種現象透露出來的端倪。當這種分析和探究成為一種習慣融入我們的生命時，我們便會擁有縝密的心思和敏銳的洞察力，發現危機中的機緣。

【蓮心慧語】

釋果寧大師認為，人越是獨立，就越是不會受到外界的干擾，內心也就越平靜祥和。當失去縝密的獨立思考能力之時，我們便會失去前進的目標和方向。唯有靜下心來，對眼前的事物細加探究和分析，我們才能將它們尋回，燃起危機中的希望。

人生處處有青山

圓悟禪師說：「收因結果，盡始盡終；對面無私，原不曾說。」一件事情的結果是由許多原因累積而來的。這是天地之間萬古不變的真理，所有的人都必須面對這一事實。可是，在生活中，我們卻更習慣從結果出發來對事情進行判斷。如果結果深合我心，便心生歡喜；如果稍稍不合己意，便心生厭棄。這樣，我們的視野便只局限在由結果構成的世界裡，而事情發生的本源卻被我們無意中忽視了。

自己成為結果的奴隸便是忽視最直接的表現。守候著一個個結果的出現便成了自己每天最重要的工作，而不能積極思考是如此結果出現的深層原因。長此以往，我們的喜怒哀樂、悲歡離合就會都繫在事情的結果身上。若是貿然甩開這根拐杖，那些久違的痛苦、沮喪、焦慮、憂傷等等就會找上門來，它們將匯合成一股強大的負面力量對我們發起猛烈的攻擊。

遺憾的是，面對此情此景，我們已經失去了最起碼的還手之力。由於長期的捨本逐末，我們早已無法得知這些事情結果的來源，如此也便找不到反戈一擊的立足點。如何才能度過這一難關呢？《碧巖錄》中所收錄的雲門文偃禪師的經歷將為我們提供很好的借鑒。

雲門文偃禪師初次去參訪睦州道明禪師的時候，睦州禪師的禪機就像閃電一樣迅速，簡直讓雲門禪師摸不著頭腦。睦州禪師平時接引他人的時候，總喜歡在人一進門的時候，就緊緊地抓住來人說：「你說！你說！」當來人還沒來得及作答的時候，睦州禪師又會把人推出去。

雲門禪師一直想去見睦州禪師，直到第三次的時候，才敢去敲門。

睦州禪師問：「是誰？」

雲門禪師回答說：「是文偃。」門剛剛打開，雲門禪師就快速地跳進屋內。

睦州禪師緊緊地抓住雲門禪師說：「你說！你說！」

雲門禪師剛想開口回答，就被睦州禪師推出門去。他的一隻腳還在門內的時候，睦州禪師就快速地關上了門。

雲門禪師因為腳被門夾住痛叫了一聲，突然間就在這時開悟了。

睦州禪師奇特的接引方式令初次參訪的雲門禪師心生懼意，即使在做好充分準備的第三次參訪，他還是感到戰戰兢兢。直到被睦州禪師關門時壓住了腳，雲門禪師才恍然大悟：原來自己一開始被睦州禪師展現禪機的方式蒙蔽了，只顧一心躲藏，而沒有注意禪師真正的用意所在。只有穿過展現禪機的形式，禪機的深意才能顯露出來。這便是雲門禪師的體悟。

禪者對於禪機展現形式的過分在意與人們對於事情結果的過分重視是何其相似。正是這種對結果的過分在意使得很多人總是與事情所要表達的真意失之交臂。若要探求事情的真意，開闊自身的視野，從事情的結果出發追本溯源便是切實可行的方法。唯有拋開無關痛癢的捨本逐末，我們才可能遠離由各種結果帶來的痛苦、悲傷和煩惱，才可能發現除去眼前熟悉的景物外人生處處有青山。

【蓮心慧語】

聖嚴法師說：「大雨天，你說雨總會停的；大風天，你說風總會轉向的；天黑了，你說明天依然會天亮的！這就是心中有希望，有希望就有平安，就有未來。」事情的結果並不是我們唯一的期盼。我們的期盼將隨著對於事情本源的訴求而不斷伸展。找到了事情的本源之後，我們就可以趕走圍繞在自己身邊的痛苦等等牽絆，成就自己的明天。

不拖延開始，不罷手拒絕

拖延是當今社會最令人困擾的難題之一。幾乎每個人都遭遇過拖延的襲擊。儘管原因各不相同，結果卻驚人的類似。舒服地沉溺是所有與拖延結緣的人最直接的表現。可是，與此同時，拖延也悄悄地將我們的成就感和快樂感偷走了，並且當真相大白的時候，自己早已深陷無法擺脫的泥潭。

除此之外，還有一個更為嚴峻的事實在等待我們去面對，那就是之前自己引以為傲的優勢竟然在不知不覺間消失殆盡。看著那些似曾相識的東西，我們不禁淚流滿面：面對拖延帶來的種種困境，自己到底該何去何從？對此，香林澄遠禪師有著獨到的見解。

有一天，一位僧人向香林澄遠禪師請教：「師父，達摩祖師到中國來的用意到底是什麼？」香林禪師回答：「禪不是單純地打坐。無論是行住坐臥，吃飯如廁都是禪。總是坐著只不過白白地勞累自己的身體罷了。」

僧人詢問的「祖師西來意」是佛家的重要理念。曾有很多修禪者為此迷惑不已。而香林禪師的回答很通俗易懂，簡單明快。只要理解了禪的真意，無論做什麼都可以是禪，不必局限於具體的形式。如此乾脆俐落、一點也不含糊的見解正是啟發修禪者悟道的良方。這樣的良方同樣可以用來解決我們在生活中遇到的種種困境。

要想做到乾脆俐落地處事，不罷手拒絕、嘗試著接受壓力是我們開始新生的第一步。當壓力不再是自己厭惡的對象，我們的生命就掀開了嶄新的一頁，同時這一刻也意味著成長的開始。

縱觀當今時代，無論是工作中，還是生活中，壓力無處不在。身處其中的我們總習慣將其視作生命中的重擔，並時不時地抱怨一番。其實，只要靜下心來就不難發現：真正令自己生出抱怨之心、沉重之感的正是我們自己。因為我們從來很少主動地去爭取，又加之心中常有畏懼或抵制的心理，所以拖延怠慢最終就會演變成心生幽怨，自然的生活狀態也將在浮躁和掩飾中失去。唯有主動爭取，主動接受並悅納壓力，我們才能遠離拖延，開創自己的新格局。

不過，做到悅納壓力只是完成了俐落處事的奠基工作。若想與拖延徹底絕緣，我們還需要做好第二步——及時努力。一直拖延不肯開始的行為會令人們在對事物的真偽做出決斷的時候出現偏差，而及時努力將會產生糾正偏差、加速想法實現的進程、縮短行動轉化時間的效用。這樣，惰性和安逸入侵的機會就會迅速減少，我們就可以及時地獲得成就感和幸福感。當及時努力作為一種習慣融入我們的生命，由拖延引起的混亂格局就會得到全面的修復和更新。

星雲大師認為，人的一切操之在己，別人給予我們的福樂不可靠，必須自我肯定、進取、自求多福。拖延便是自我身上的一顆毒瘤，它使得我們耽於安逸，不思進取，不敢對自己持有肯定的態度。唯有結束拖延，乾脆俐落地處理一切事務，我們才能遠離痛苦和遺憾，才能在前進的道路上大步向前。

【蓮心慧語】

龍牙禪師曾經有言：「粉壁朱門事甚繁，高牆大戶內如山。莫言山林無休士，人若無心處處閒。」拖延便是我們耽於安逸、不思進取的重要根源。唯有從不拖延開始，不罷手拒絕，我們才能擺脫拖延帶來的困境，創造嶄新的局面。

堅守信念便是與成功結緣

星雲大師認為，「我」就是自己的貴人。只有對自己所求真心誠意地熱愛，我們方能把握事物的根本，順利地完成自己的心願；如若不然便只能糾纏於細枝末節，人生就難以得到圓滿，我們也無法形成自己獨特的格局。龍牙禪師便是一位深諳其中真意並且身體力行的佛學大師。

龍牙禪師在悟道之前曾經去各地參訪。他先參訪了翠微、臨濟兩位禪師，然後又到了德山禪師那裡。

龍牙禪師一見德山禪師的面便說：「我要拿莫邪寶劍來砍師父的頭，師父你會怎麼做？」

德山禪師伸出了脖子，然後說：「你砍吧！」

龍牙禪師說：「師父的頭掉下來了。」

德山禪師就微微一笑。

不久，龍牙禪師又去參訪洞山禪師。

洞山禪師問他：「你最近剛剛離開哪個地方？」

龍牙禪師回答說：「我剛從德山禪師那裡來。」

洞山禪師問：「德山禪師跟你講過什麼東西？」

龍牙禪師就把自己在德山禪師那裡的經歷講了一遍。

洞山禪師問：「他還說了什麼？」

龍牙禪師說：「他沒說什麼。」

洞山禪師說：「你不要說他什麼都沒講，你現在就把德山掉下來的頭拿來給我看。」

於是，龍牙禪師恍然大悟，就焚香向德山禪師行禮懺悔。

悟道是龍牙禪師最大的夢想。正是出於這份對佛法的熱愛和堅定，他才不辭辛苦地到處參訪，並在參訪了翠微、臨濟、德山、洞山諸位禪師之後終於在洞山禪師那裡成功悟道，實現了自己的夢想。

在現實生活中，能夠持有堅定信念的人卻是鳳毛麟角。通常情況下，只要出現了一些小小的困難，就有為數不少的人開始打退堂鼓，開始待在安全的地方觀望。久而久之，這種觀望就很容易變成坐以待斃的人生態度。在星雲大師看來，坐以待斃便是真正的貧窮。當坐以待斃成為人生態度之時，人們內心的能量就會開始枯竭墮落，而內心能量枯竭對人們最直接的影響便是整日生活在理想不能實現的恐懼中，心中再也不會有一絲寧靜的空間。

文珠法師在談到信念時，說道：「信念如瓔珞，使我們內外莊嚴；信念如手杖，使我們行進無憂。」信念是一個人命運的主宰。一個擁有堅定信念的人不會輕易被困難和障礙打敗。他會像一個技藝高超的撐竿跳運動員一樣，越過所有叫做「不自信」的羈絆；他從來不會在自己的字典中為懦弱、無能、不行、痛苦預留位置；他要的就是成功帶來的喜樂和生機勃勃。

一個柔弱的人若是有了信念就會變得強壯，一個貧窮的人若是有了信念就會變得富足，一個絕望的人若是有了信念就會見到生機，一個常常哭泣的人有了信念就會聽到歡喜的召喚。成就斐然的人從來不將「我不能」掛在嘴邊。我們若是總認為自己就是缺點的集合體，就是不幸的代言人，就真的常常會與失敗相遇，因為堅定信念的反面——不自信總是徜徉在自己身邊。若要從一片混亂中突圍而出，除了堅守自我的信念，我們別無選擇。也唯有如此，人生才不再是一座高不可攀的山峰，自己也才能成為與成功有緣之人。

【蓮心慧語】

佛家認為，「佛不度無緣之人」。只有堅守自己的信念，保有一顆力爭上游的心，不為困難和障礙所擾，我們才可以從各方得到強有力的支援，才能最終實現自己的夢想，享受圓滿的人生。

勤苦修持，一門深入

幾乎每個人都曾在心中勾畫出一幅美麗的藍圖，並希望自己的人生依照這個軌跡而行。為此，我們付出了種種艱辛的努力，積累了大量實現夢想所需的材料，可夢想卻遲遲沒有變成現實。造成這種局面的根源不在於他人，而在於我們自己。

當實現夢想所需的材料在我們手中大量積聚時，我們的心發生了很大的變化。原本一心一意為實現夢想而努力的心已經退居第二位，排在第一位的是對於「擁有」本身的渴望。這種對於物欲的渴望使預期中的目標發生了偏離。唯有及時修正努力的方向，一門深入，我們才能有所成就。

舍衛國有一個僧人名叫槃（槃ㄆㄢˊ）特。他常常用功學習，卻收效甚微，因此大家都嘲笑他。佛祖很憐憫這個用功的人，於是就親自教了他一個偈子，並為他詳細解說了偈語的意思和內涵。教完之後，佛祖還勉勵槃特：「雖然只是一句話，但只要能夠牢牢記住，用心體會其中的深意，你一樣可以求得佛道的。」

槃特非常感激佛祖，就每日苦思這條偈語，用心揣摩，終於悟道，成為佛祖的羅漢弟子中的一員。

有一次，槃特奉佛祖之命去為僧人們講誦經文。聽到這個消息之後，僧人中間引起了一陣騷動。大多數人都認為槃特根本不會講出什麼深刻的法理來。

第二天，槃特準時來到了僧人們的精舍。雖然僧人們在底下竊竊私語，但是槃特還是認真地講解佛祖親自教他的偈語：「守口攝意身莫犯，如是行者得度世。」本來想捉弄他的僧人們聽到了槃特對於高深法理的深刻領悟，心裡感到萬分慚愧，紛紛向槃特叩頭自責。

故事中的槃特並非是一個聰明人，可是卻成為了眾位僧人敬仰的導師。究其原因就在於槃特能夠始終堅持對佛祖所教偈語進行深入的探究和體悟，而沒有任何其他的私心雜念。而我們不能及時實現自己的夢想，原因就在於我們不能像槃特一樣針對一個目標始終如一地努力探求。

星雲大師說，心無旁騖、別無雜念是求得技法與創作達到完滿境界的重點。寫作時將自己化作文字，繪畫時將自己融入畫境，演戲時將自己融入角色悲喜情仇裡……一心一意，忘我的投入，那麼人間萬事「何求不得」？我們若是要實現自己的夢想，就要收起「擁有」之心，不再執著於對材料的佔有。

當我們能夠認真地對待自己的夢想，對待自己的生活時，幸福也會重新回到我們身旁。夢想的實現並不需要大量的材料，只需要將與它相關的事物領悟透徹，並從身邊的小事做起。這樣，我們不僅可以從物欲的牢籠中逃脫，還可以舉一反三、觸類旁通，為夢想的實現鋪平道路。靈雲志勤禪師就曾就此對弟子進行開示。

有一天，一位僧人請教靈雲志勤禪師：「師父，佛祖沒有出世的時候是什麼樣的？」

靈雲禪師豎起了拂塵。

僧人又接著問：「師父，佛祖出世之後又怎麼樣呢？」

靈雲禪師同樣豎起了拂塵。

無論是問及佛祖出世前還是出世後的問題，靈雲禪師都只有一個答案：豎起拂塵。由此可知，在靈雲禪師看來，佛祖出世前後的事並沒有什麼差別。弟子們如果能領悟到這一點，就可以打開領悟佛法的大門了。

領悟佛法如是，實現夢想亦如是。我們無須專門為此搜集很多材料，只要能從身邊的小事出發，並且認真地探究體悟就可以了。如此，我們便可以一門深入，進而達到專業與精通的水準，就能實現自己的夢想，建立起自己獨一無二的格局。

【蓮心慧語】

聖嚴法師有言：「若人散亂心，入於塔廟中，一稱南無佛，皆已成佛道。」當我們執著於「擁有」時，理想永遠也沒有實現的機會。唯有勤奮刻苦，一門深入，我們才能取得成就，實現自己的夢想。

隨順因緣，把握成功才是真

有一天，文殊菩薩命善財童子去採藥：「你到外邊把那些不是藥的採回來！」

聽了師父的吩咐，善財童子就出門了。可是找遍了各個地方，善財童子發現大地上沒有一樣東西不可以做藥的。於是，他就向師父回報說：「大地上沒有一樣東西是不能做藥的。」

文殊菩薩又吩咐善財童子：「那你就把可以做藥的都採回來吧。」

善財童子就採了一根草，遞給師父。

文殊菩薩拿著這根草向眾人開示說：「這種藥既可以殺人，也可以救活人。」

在文殊菩薩眼中，藥和非藥之間已經不存在任何界限，只有適合自己的才是對自己有用的，否則就是毒藥。可現實生活的情形卻與此恰恰相反。通常情況下，我們更喜歡不顧自己的實際情況去盲目地原版複製他人的成功模式。如此急功近利的做法後面隱藏的是世人引以為傲的成功情結。

無論時代如何變遷，成功情結在人們心中的位置卻從未改變。它已經成為世人的心理積澱中重要的成員之一，而對於成功的熱望使得對於成功情結的追求很容易越過「度」的界限。一旦越過適度的底線，人們的熱望就會演變成一種狂熱的偏執。這種偏執具體表現為：為了成功，我可以犧牲自己的一切。於是，一切都開始脫離正軌。

脫離正軌的努力的結果不難想到。我們就會像南轅北轍故事中的車主人一樣，越是努力，離成功就越遠。離成功越遠，對成功的渴望程度就越深，投入的努力就越大。如此惡性循環，只能會期望越高，失望越大。所以，我們會在他人面前自慚形穢，自卑之心也就此產生。

星雲大師說，誰也不能代替自己。在與自卑相伴的日子裡，我們要時時準備著與心魔、執著、妄念、煩惱等等作戰，一旦作戰失利，就要承受它們加倍的折磨。但是，只要從本心出發，找到拓展自我視野的方法，飄在頭頂上的烏雲就會被逐漸驅散。

在禪者眼中，萬物皆美。當心中的定論不再成為衡量事物的標準時，我們與事物之間的衝突就會得以平息。與此同時，我們還有機會發現事物本身可能帶來的驚喜。古人有言：「海納百川，有容乃大；壁立千仞，無欲則剛。」當摘下與眼前事物對立的面紗，仔細探究事物背後的端倪，一切便有了一個嶄新的開始。隨著視野的逐漸擴大，我們心中便打開了一扇面向外界的窗，眼前便會出現一個不一樣的世界。

【蓮心慧語】

聖嚴法師說：「成功的三部曲是隨順因緣、把握因緣、創造因緣。」一味地自卑並不能帶來成功。只有從自己的本心出發，拓展自己的視野，打開多元化的窗戶，我們才能把握因緣，創造因緣，建構通向成功的大格局。

第九章　尋求「共生之道」——佛說圓融

【頌】妙峰孤頂草離離，拈得分明付與誰？不是孫公辯端的，骷髏著地幾人知？

【評】一念就可以涵蓋過去、現在、未來三世。這便是諸佛的智慧所在。當我們能夠放下心中的得失計較，尋求與他人的「共生之道」時，一個嶄新的世界就出現在我們眼前。這便是圓融的世界。

佛家認為，真正的財富就在我們自己心中。因此，我們無須過分執著於心外世界的種種欲望和妄念。只要敞開心胸，不斷地以求同存異的方式尋求「共生之道」，我們就可以擁有達觀的人生，就可以安享歡喜圓融的人生。

條條大路通長安

趙州禪師說：「條條大路通長安。」人生的道路有很多條，只是我們常常為自己的情緒和欲望所困，無法從「唯一」的夢中醒來。若是不能按照「唯一」的路徑付諸實行，我們便會感到景色暗淡，日月無光，即便是自己平日最喜歡的東西出現在面前，也會覺得索然無味。

世人常言天無絕人之路，而我們卻總對此心存疑惑。若是果真如此，自己又為何還會沉浸在失敗的痛苦中不能自拔。其實，無論是痛苦還是委屈，都是由我們自己帶來的，都是因為自己走進了認知中的死胡同。命運之神從來不會將所有通向成功的門都關閉，當輕輕地關上其中的一扇時，祂一定會悄悄地開啟另一扇。只是我們無法在短暫的時間內包容與之前完全不同的聲音。

有一位高僧是廟中的方丈，因為年齡的原因，便思考著要尋找一個合適的接班人。高僧心中有兩個人選，一個是慧明，一個是塵緣。怎樣才能選出合適的接班人呢？高僧冥思苦想了幾天，終於想出了一個好辦法。一天，高僧將兩位弟子叫到自己跟前，告訴二人，誰能夠運用自己的力量從寺廟後面懸崖的下面爬上來，誰就可以成為下一任方丈。

兩位弟子一起來到懸崖下。面對極其陡峭的懸崖，身強體健的慧明開始信心百倍地向上爬，但是不到一刻鐘就從上面滑了下來。慧明又試了幾次，結果還是一樣。最後一次，慧明終於爬到了半山腰，可惜因為力氣耗盡而重重摔在了石頭上，暈了過去。師兄弟們趕緊將慧明搶救回去。

下面輪到塵緣了。開始的時候，塵緣也像慧明一樣全力地向上爬。失敗了兩次之後，塵緣稍作休息，將目光不經意地投向了山下。正是這不經意間的一瞥讓塵緣想到了一個極妙的主意。休息過後，塵緣朝山下走去，然後沿著一條小溪流順水而上，穿過樹林，越過山谷……最後，沒費什麼力氣就到達了崖頂。

當塵緣重新站到高僧面前的時候，高僧十分高興地將衣缽傳給了塵緣。原來寺廟後面的懸崖並不能藉由人力攀援而上。只有心中無礙，隨境而變，隨情而行，才能找到解決的方法。

慧明只是從懸崖正面直行，結果卻因為摔暈而不得不退出比賽。塵緣在嘗試失敗後，尋找新的方法，巧藉山勢贏得了最後的勝利。正因為塵緣在嘗試失敗後，沒有執著於「唯一」的途徑，隨境而變，隨情而變，才順利找到了解決問題的方法。

心中無礙則心牢不生，心牢不生則萬事順遂。世間的真理只有一種，而通向真理的道路卻有很多條。五祖法眼禪師便是深諳此理的個中高手。

法眼禪師曾經有言：「如果有人能對廓然無聖這句話做出透徹的見解，那麼就說明他已經見到了自己的本來面目，就可以回家安坐了。如果不能做出透徹的見解，被言語的葛藤纏住了，就要想方設法幫助這個人來打破像黑漆桶一樣的困惑。這樣，他就可以徹悟達摩祖師的這句話了。所以說，參透了一個公案也就相當於參透了千萬個公案。這樣的話，自然就可以坐得斷、把得定，不會再有任何的疑惑。」

無論是直接悟入，還是經過一番辛苦之後漸悟，都可以達到領悟「廓然無聖」這一佛學要義的深刻內涵。只要心中無礙，遵循一事通百事融的原則，我們就可以做到「條條大路通長安」了。這便是法眼禪師所要表達的真意所在。

我們常常會在生活中為自己設定無數個「唯一」，「唯一」的理想，「唯一」的方式，「唯一」的追求……正是這些「唯一」隔斷了與世界對話的聲音。當與心中的「唯一」生活軌跡告別，開始包容不同的聲音，我們就可以不受任何阻礙地接納來自各方的新事物，就可以走向圓融的境界。

【蓮心慧語】

《華嚴經》中有這樣一首偈語：「菩薩清涼日，常遊畢竟空。眾生心垢淨，菩提月現前。」當心中清淨無礙之時，我們便可以隨境而變，隨情而變，不再受「唯一」的困擾，順利地走向圓融之境。

建好心內的天堂則左右逢源

曾經，有一位僧人向馬祖道一大師請教：「如果『離四句，絕百非』的話，請師父為我直截了當地開示祖師西來的意旨是什麼？」

馬祖大師回答：「我今天感到很疲倦，不能告訴你答案，你還是去問西堂智藏禪師吧！」

於是，那位僧人就去問西堂智藏禪師。

西堂禪師問：「你為什麼不去問和尚呢？」

僧人回答說：「師父吩咐我來請教你。」

西堂禪師說：「我今天頭疼，沒辦法告訴你，你還是去問懷海師兄吧。」

僧人又去了百丈懷海禪師那裡。

百丈禪師說：「這樣的情形之下，我是不會講的。」

僧人最後又回到馬祖大師那裡。

馬祖大師說：「藏頭白，海頭黑。」

提問的僧人請教的是禪宗中最核心的佛理「如何是祖師西來意」。遺憾的是，他儘管求道心切，卻沒有找對體悟佛理的脈絡。佛家講究「直指人心，見性成佛」，文字和言語並不是悟道的最佳途徑，而且真正的佛法是不著文字的。正是沒有明白這一點，所以儘管他先後參訪了馬祖、西堂、百丈三位禪師，三位禪師卻都不肯用言語來表述這個事境。最後，本著權宜方便的原則，馬祖大師才說出了「藏頭白，海頭黑」。

《孟子》說：「資之深，則取之左右逢其源。」它的大致意思是說功夫到家之後，做事就會得心應手，順利暢通，就會達到圓融的境界。而找到正確的脈絡就是功夫到家的一種重要特徵。找到事情的正確脈絡就像為自己找準正確的定位一般，稍有不慎，就會前功盡棄，非但不能達到圓融的境界，還會適得其反。

外面的雨剛停，道路上一片泥濘。一位老婆婆要到廟中進香，卻不小心跌進了泥坑，身上的衣服都沾滿了泥巴，準備的香火錢也掉進了泥地裡。老婆婆感到一陣驚慌，這可是她攢了很久的錢。此刻，一位慈悲的富人剛好從此經過，想去扶老婆婆又怕弄髒了自己的衣服，便讓下人將老婆婆從泥坑中扶了出來，並送了她一些香火錢。老婆婆十分感激，連忙道謝。

一個僧人看到老婆婆滿身污泥，連忙躲到一邊，嫌棄地說道：「你這個樣子會污染了佛門聖地，還是將身上弄乾淨之後再來吧！」

瑞新禪師此刻正好從此經過，就將老婆婆扶進了佛殿之內，對僧人笑言：「曠大劫來無處所，若論生滅盡成非。肉身本來就是無常的飛灰，從無始中來，還要回到無始中去，所謂生滅不過是空幻一場。」

僧人聽了此言，便問道：「周遍十方心，不在一切處。難道連成佛的心都不存在嗎？」瑞新禪師指指遠處的富人，嘴角上浮起了一絲苦笑：「不能捨，不能破，還在泥裡轉！」僧人聽了之後，頓時感覺到無比慚愧，便垂下了目光。

在這個故事中，無論是慈悲的富人，還是阻攔老婆婆進殿的僧人都沒有抓住悟道的正確脈絡。儘管有著強烈的悟道意願，但就如同瑞新禪師所言，若是不能放下對於外物的計較，他們就不能悟道。放下對外物的計較才是悟道的正確脈絡所在。

星雲大師有言：「人生不要光顧心外的生活，最重要的是必須要建設心內的天堂，如果心內的天堂沒有建好，把憂悲苦惱的地獄留在心裡，就會帶來苦不堪言的人生。」沒有找到為人處世的正確脈絡就是沒有建設好心內天堂的重要表現。在心內的天堂沒有建設好之前，憂悲苦惱還會時時襲來，它們將嚴重影響我們對事情真相的洞察力和對形勢的判斷力。唯有找準正確的脈絡，我們才能將心中的所思所想融會貫通，並將其應用到行動當中。

【蓮心慧語】

聖嚴法師說：「禪的態度是知道事實，面對事實，處理事實，然後就把它放下。簡而言之，面對它、接受它、處理它、放下它。」找到事情的正確脈絡就是接受、處理事情的過程。若是能夠順利地找到它，我們就能超越事情的表象，將自己的所思、所學、所想、所行融會貫通，就能夠建設好自己心內的天堂。

只有「心曠」，才能「神怡」

幾乎每個人心中都曾經歷過一種擷清風入心、攬明月入懷的美好體驗。每當回憶起這一瞬間，人們的嘴角都會不自覺流露出幸福的笑容。因為唯有此刻，我們才能真正地放下心中所有的規則和包袱，敞開心扉，迎著大海、旭日和山川喊出心中最真實的聲音。可其餘時候，我們卻再次將放下的規則和包袱背起，再次關閉了自己的心扉。

曾經的美好體驗帶來的只是感動的瞬間。多數時候，我們還是無法解開橫亙在胸中的心結，無法跨越人為設定的底線；還是習慣於畫地為牢，心甘情願地將自己的心囚禁於無形的牢籠之中。原本為了權宜方便而設立的規則卻成了阻礙圓融境界到來的枷鎖。當遵守這些規則成為了一種習慣，我們卻總是習慣於享受如沐春風之感，而忽略了這份舒服背後隱藏的真相。

是它們鎖住了寬闊的視野，因為這份缺失，欲望、名利與得失成為了很多人命運的主宰；是它們鎖住了本該開啟的心窗，因為這份封閉，陰鬱的心情會遮蔽生命的諸多精彩；是它們鎖住了世人尋求共生之道的舞臺，因為這份遺憾，人們之間無法進行有效的溝通，錯失了圓融人我關係的最佳時機。

是我們的怯懦將這一切從一種可能變成了令自己痛苦和愧疚的現實，變成了自己心中的隱痛。如何才能擺脫眼前的窘境，達到融會貫通的境界呢？德雲大師的見解或許能為我們帶來相關的啟迪。

據《華嚴經》記載：德雲大師住在妙峰山的孤頂之上，從來也沒有下過山。有一次，善財童子去參訪他，一連七天都沒有在妙峰山的孤頂之上找到他。後來，善財童子卻在另外一座山峰的峰頂與德雲大師相遇。

德雲大師看到善財童子，就對他說：「一念就可以涵蓋過去、現在、未來三世，一切諸佛的智慧都在這裡顯現出來。」

一個念頭就可以橫跨過去、現在、未來三世。德雲大師認為擁有融會貫通的心念才是最重要的。所以，只要是他修行的地方就可以說是妙峰山。這樣，善財童子即使在其他山峰的峰頂見到德雲大師，也可以說是在妙峰山孤頂上見到大師一樣。

融會貫通的心念在日常生活中同樣重要。它可以助我們跨越那道被我們視為生死線的人為設定規則的底線。佛家認為，只有「心曠」，才能「神怡」。唯有放下心中的羈絆，我們才能將自己的認知和思想進行整合，才能真正地使自己的身心水乳交融。

有一個年輕人準備到寺廟中去。他在路上遇到了一件有趣的事，準備去考考寺裡的老和尚。等來到寺中之後，年輕人與老和尚邊喝茶邊聊天。年輕人突然想起了路上遇到的事情，於是就問：「和尚，什麼是團團轉？」

老和尚隨口答道：「皆因繩未斷。」

不料，老和尚的回答竟讓年輕人目瞪口呆。

老和尚見年輕人這副模樣，便問他：「你為什麼會這樣驚訝呀？」

年輕人回答說：「和尚，我在路上遇到的事你並沒有見到，怎麼會知道得那麼清楚呢？是這麼回事。我在早上來的時候看到一棵大樹下拴著一頭鼻子穿孔的牛。牛想離開樹去吃草，可是左繞右繞，怎麼也沒有辦法脫身。我想師父沒有看見，肯定不會知道，沒想到師父一下子就答對了。」

和尚微笑著說：「你問的是一件事，我答的是理。你問的是牛因為被繩子拴著沒辦法掙脫，我答的是心被世間俗物糾纏不能超脫。一理通百事呀。」

和尚講的很有道理，一理通百事。年輕人的眼光只局限於具體的事情之上。即使掌握了再多的表象，年輕人也只是在規則當中，沒有邁出規則一步。和尚則是以理入手，用的是「一事通百事融」的方式，自然可以站在更長遠的角度來回答年輕人的問題。

生活中我們常常會為自己設下許多人為的規則與底線。只有勇於突破它們，敞開心門，我們才能生出融會貫通的心念，才能令自己身心交融，才能贏得圓滿的人生。

【蓮心慧語】

星雲大師說：「監獄有有形和無形之別，有人雖在監獄外，心卻住無形牢獄——心牢；有人雖犯了錯，只要心存悔過，依然能坦白自在。」我們只要不再背上規則和包袱，容下與人為設定規則不同的聲音，就可以擁有融會貫通的信念，就可以使我們的身心真正地達到水乳交融的境界。

想得開，看得破，就是達觀人生

佛家認為，禪者要有獨立的精神，不要別人恭維幾句就歡喜，譏評幾句就煩惱。當為別人的言語或喜或悲的時候，自己的命運也就操縱在了別人手中。只有想得開，看得破，才是豁達的人生。若是能夠超越是非得失的阻礙，我們就將展開廣闊的視野，就將擁有達觀的人生。巴陵毛劍的公案就是這一真理的最佳注腳。

有一次，一位僧人向巴陵顥鑒禪師請教：「什麼是吹毛劍？」

巴陵禪師說：「珊瑚枝枝撐著月。」

巴陵禪師是雲門禪師門下的弟子。當初，雲門禪師也曾提及吹毛劍的問題。其他的師兄弟回答吹毛劍這句話時都回答：「了。」只有巴陵禪師沒有如此回答，而是回答了「珊瑚枝枝撐著月」這句話。

「吹毛劍」是雲門宗的重要法理。參透了它，禪者就可以掌握雲門宗的機要。和大多數師兄弟回答的「了」，巴陵禪師的答案「珊瑚枝枝撐著月」不僅活潑清新，還擁有比眾位師兄弟更深遠的境界。由此可見，巴陵禪師已經突破了事境上的阻礙，擁有了「見水仍是水，見山仍是山」的達觀的人生境界。

人生有三態：悲觀、樂觀和達觀。悲觀的人通常會站在山腳下仰望蒼穹，看到的是無比狹窄的小徑；樂觀的人往往在山腰處發現不易察覺的風景，一切煩心事會因此柳暗花明；達觀的人一直會站在山頂，享受視野和境界上的海闊天空。清代大家鄭板橋非常推崇難得糊塗。而達觀正包含了一種大智若愚的態度，是真正的智慧。

有一天，慧能禪師在為弟子們講道時講了這樣一個故事：

一個囚犯住在一間狹窄的牢房裡，連腿腳都伸不開，使他感到非常難受。這樣的環境使得他的心情變得愈加地煩躁，整日裡罵天恨地，抱怨個不停。

一天，一隻蒼蠅從窗外飛進了囚犯的牢房。牠在囚犯的周圍不停地飛著，嗡嗡地叫個不停，惹得囚犯一陣心煩。囚犯決定抓住這個讓他無比心煩的傢伙。下定決心之後，囚犯便悄悄地向蒼蠅靠近。雖然他已經非常地小心了，但是蒼蠅總是表現得比他更機靈。每當快要捉到的時候，蒼蠅總能在最後一刻察覺危險敏捷地飛走。囚徒左撲右撞，累得滿頭大汗，還是沒有捉到蒼蠅。此刻，囚犯突然間有所悟，原來自己的牢房並不小，只是「心中有事世間小，心中無事一床寬」罷了。

慧能禪師說：「這也是一種糊塗。當一個人身處自己無力改變的環境之中時。若是一味地痛苦或是煩惱，只會讓自己更加苦惱。不如將心胸放得更寬一些，糊塗一些。這樣，人們的身心就可以得到解脫。」

其實，囚犯的牢房並沒有變寬，只是因為他的心態變了，才有此感。當囚犯悟出「心中有事世間小，心中無事一床寬」之時，他已經不再為自己無力改變的環境而耿耿於懷了，而是放開了自己的心胸。這便是一種達觀。

佛家認為，心外世界的大小並不重要，重要的是我們的內心世界。當我們豁達大度之時，即使身處逆境，也會怡然自得，不斷尋找轉機；當我們心胸狹窄之時，即使身處大千世界，也會覺得冷風習習，事事難以如意。所以，我們不應被自己身處的外部環境所困，而要注意將寬容和智慧的種子播撒在心靈的土壤上，這樣才能收穫達觀的人生和無窮的樂趣。

【蓮心慧語】

星雲大師說：「做人處事，講話說理，重要的就是要有一種圓融的性格以及寬厚的器量，如此必能得到別人的好感。」當在心中撒下寬容和厚道的種子之後，我們就會放開自己的心胸，變得襟懷廣闊；唯有想得開，看得破，才能擁有達觀的人生。

成為自己需要成為的人

古詩有云：「沉舟側畔千帆過，病樹前頭萬木春。」世間萬物一刻也不曾停下變化的腳步。我們若是總守著舊有的觀念，原地不動，就很容易陷入煩惱和痛苦中。因為落後於時代的腳步不僅會使人閉目塞聽，視野變窄，還會打破自我身心的平衡。唯有變化才能為我們帶來真正和諧的人生。百丈懷海禪師對此深有體悟。這些體悟都被收錄在《碧巖錄》當中。

有一次，百丈懷海禪師問黃檗（檗ㄅㄛˋ）斷際禪師：「你是從什麼地方來的？」

黃檗禪師回答：「我剛從山下採菌回來。」

百丈禪師問：「你看到老虎了嗎？」

聞聽此言，黃檗禪師就模仿老虎大吼了一聲。

百丈禪師從自己的腰間拿出斧頭做出了砍殺老虎的架勢。黃檗禪師抓住百丈禪師打了一拳。

當天晚上，百丈禪師在法堂上說法：「大雄山下有一隻老虎，你們各位進出時千萬要看清楚，老僧今天被他咬了一口。」

後來，溈山靈佑禪師問仰山慧寂禪師：「黃檗禪師說老虎這件事是什麼意思？」

仰山禪師問：「和尚是怎麼看的？」

溈山禪師說：「百丈禪師當時就應該用斧子一下子就砍殺了牠，怎麼會變成後來那樣了呢？」

仰山禪師說：「不是的。」

溈山禪師問：「你的看法如何？」

仰山禪師說：「百丈禪師不僅騎在了老虎的頭上，還懂得收虎尾。」

溈山禪師說：「慧寂你很有卓越的看法。」

從這則公案中，我們不難看出百丈、黃檗兩位禪師均是善於變化之人。他們之間的機鋒切磋有來有往，十分契合。百丈問去過何處，黃檗便回答採菌；百丈問虎，黃檗便模仿虎嘯；百丈做出欲砍虎的架勢，黃檗便出手打百丈。若不是這兩位禪師善於變化，其中的一方就會因為見解不夠深入而不能打破阻礙自己提升的黑漆桶，便不能提升自己的境界達到圓融。

於禪者而言，圓融便是悟道的一種境界；對我們而言，圓融便是獲得了和諧的人生。而帶來和諧人生的一切因緣均來自我們自己。星雲大師說：「世間的人我是非，好壞有誤，紛紜擾攘，要改變很難，只有改變自己才是最好的辦法。」人生並非一條暢行無阻的筆直大道，時不時會有一些困難和阻礙突然出現。若是被出現在眼前的困難遮住了雙眼，認為自己無法度過難關，我們便會真的在困難面前敗下陣來；若是能換一種眼光來看，我們便抓住了解決問題的關鍵，便能衝破阻礙勇往直前。

老子說：「天下之至柔，馳騁天下之至堅。」天底下最柔弱的東西卻可以穿行在最堅硬的東西之中。究其原因，是柔弱的東西善於改變自己。一個人只有隨順因緣，做出改變，才能在生活中立於不敗之地，才能享有和諧的人生。

【蓮心慧語】

聖嚴法師說：「我只是隨順著生命的因緣，成為我需要成為的人。」我們無法改變世間的是非、好壞、禍福、成敗，但是可以改變自己。只有善於變化，困難和阻礙才不會再次遮蔽視野，我們才能時時與和諧的人生相伴。

雙贏人生是與人為善的福報

印光法師說：「福禍無門，唯人自召。善惡之報，如影隨形。利人即是利己，害人甚於害己。」當作出損害他人的事情時，我們同樣會換得傷害。當對他人心懷慈悲，我們同樣會收穫源自他人的善意。當善意在施與者與接受者之間進行傳遞時，施與者與接受者便達到了雙贏。雲門文偃禪師便曾以此來解釋「血脈枯乾、情識斷盡」之後的情形。

有一天，一位僧人問雲門文偃禪師：「禪師，如果一個人達到血脈枯乾、情識斷盡的狀態，多年以來積累的業識習氣就像樹葉凋落之後的樣子，他會變成什麼情況呢？」

雲門禪師回答：「他整個身心都會變得清淨澄明，沒有任何的塵垢，就像敞開心胸讓秋風輕輕拂過一樣暢快。」

在這則公案中，提問的僧人與雲門禪師一樣深諳悟道的終極境界。否則，便不會講出悟道的終極狀態——「血脈枯乾、情識斷盡」。正是由於雙方對於悟道的終極境界都有著深刻的體悟，所以雙方才能相互唱和，才能有所得。與人為善也是如此。當雙方對與人為善都有著深刻的認知時，善意就能在雙方之間流轉。雙方的人生也將因此變得與眾不同。

佛說，愛出者愛進，福往者福來。喜歡遠行的人一定對他的家鄉特別眷戀，樂於給予的人一定會得到別人更多的回報。當我們將愛與尊重傳遞給別人時，他們也會將更多的愛與尊重回饋給我們。若是總惦記著從幫助過的人身上收取回報，我們就將與與人為善的真意擦肩而過，就將難以獲得圓滿的人生。真正的與人為善是不收取任何報酬的。它講求的是與人方便，心生歡喜。

古時有一位禪師外出，晚上在一家客棧投宿。到了半夜，禪師突然間聽見房間內發出了聲音。他以為是店主來整理房間，就問道：「是天亮了嗎？」

一個聲音回答道：「還沒有，現在還沒有到五更天呢！」

禪師心裡想，這個人能在黑漆漆的房中起床摸索，一定是一個深悟佛法的人，可能會是得道的羅漢。於是，他又問道：「你到底是誰？」

「毛賊！」沒想到對方給出了這樣一個答案。

禪師說：「原來是個毛賊！你偷過幾次東西呀？」

毛賊回答：「那可數不清。」

禪師問：「你偷一次，能快樂多久呢？」

毛賊說：「這要看偷的東西能值多少錢。不過，就算偷到貴重的東西，也快樂不了幾天。」

禪師嘲笑他：「你為什麼不敢做一次大案？只偷一次就可以受用不盡呢！」

毛賊一下子來了興趣，就問禪師應該怎麼做。

禪師突然間抓住了他胸前的衣服，大聲說：「這是無窮無盡的寶藏，你將會把自己的一生都奉獻給它，就算窮盡你的一生也不會用盡。你懂嗎？」

毛賊回答：「好像懂又好像不懂。不過，以前我從來沒有過這種感覺，讓人很舒服。」

後來，這個毛賊改邪歸正，做了禪師的弟子。

再後來，這位出身毛賊的禪師用自己的切身經歷接引過很多曾經犯錯的人，幫助他們迷途知返。之後，這位禪師繼承了師父的衣鉢，他所屬的禪宗也因為他而發揚光大。（使自己所屬的禪宗發揚光大也是師父的心願。）

在這則故事中，禪師開導毛賊的初衷不過是為了使一個年輕人迷途知返，卻由此改變了年輕人的一生。曾經偷竊的毛賊成為了受人尊重的禪師。不僅如此，自己希望禪宗發揚光大也竟由這個弟子實現了。

這便是雙贏的人生。當用左手送出愛的時候，可能不久之後就會有人將更多的愛送進我們的右手。當在自己走過的路上撒下鮮花的種子，即使我們不再從此路過，但這些種子一定會生根發芽開花。這些花朵會將人生裝飾得更美，會為與人為善者帶來圓滿的人生。

【蓮心慧語】

星雲大師在《佛光菜根譚》中談到：「水深波浪靜，學廣語聲低；山高鳥飛集，德厚人自親。」一味利己的行為會使我們失去在整個世界中生存的根基。唯有與人為善，我們才能從各方得到自身發展的助力，才能獲得圓滿的人生。

不能圓融人我關係，是最大的悲哀

有一天，西院思明禪師去參訪南院慧顒禪師。

南院禪師問：「你是從哪裡來的？」

西院禪師回答：「從許州來。」

南院禪師繼續問：「那你帶來了什麼東西呢？」

西院禪師回答：「我將送給您一把江西剃刀。」

南院禪師說：「你既然是從許州來的，為什麼要帶來一把江西剃刀呢？」

西院禪師掐了一下南院禪師的手。

南院禪師說：「侍者！取下剃刀！」

西院禪師拍了拍衣袖就走開了。

南院禪師說道：「好鋒利的剃刀呀！」

圓悟禪師說，好像一個武士手持利劍要殺人的時候，須看準對方的咽喉，才能斷他的命根；一個禪者要像這位武士靈活揮舞這把利劍，才能夠七縱八橫殺活自在。在本則公案中，西院、南院兩位禪師的機鋒切磋時就找到了這把利劍。這把利劍就是二人口中的剃刀。正是圍繞剃刀的活潑運用奠定了二者之間的因緣，使二者深深契合。

參訪是禪僧之間相互交往的一種常見形式。能夠找到雙方之間的契合點，便找到了雙方進行進一步交流、溝通與切磋的機緣。這樣，雙方就可以將自己所學與從他人處新得來的禪理融會貫通，同時使雙方之間的關係變得圓融起來。

星雲大師認為，不能圓融人我關係是最大的悲哀。世間的一切都離不開因果法則。人我關係的圓融自然也不例外。如果能夠瞭解事情的前因後果，洞悉人生的來龍去脈，我們就可以很快找到與他人的契合點。否則，就會被事物的表象蒙住雙眼，迷失在無知的妄求中。

有位年輕人熱衷於經營事業，一心想要發大財。可是，一無資金，二無合適的合作夥伴，這該怎麼辦呢？他聽說王爺廟的香火很盛，向王爺有所祈求的人都能夠如願以償，於是就決定去王爺廟上香。黎明時分，年輕人就興致勃勃地騎著自己新買的摩托車來王爺廟進香祈願。頂禮之後，年輕人就駕著摩托車匆匆離開。一轉眼，年輕人和他的摩托車就失去了蹤影。正在這時，路上突然出現了一塊石墩。由於速度太快，年輕人來不及躲閃，當場就死去了。

年輕人的父親得知兒子的噩耗之後，就怒氣沖沖地衝進了王爺廟。他指著王爺的神像破口大罵：「我兒子對你如此虔誠膜拜，你卻使他走上了黃泉路。我今天一定要打爛你的神像，拆毀你的法座不可。」

面對悲憤的父親，王爺廟的長老忙上前勸阻：「老先生，請您節哀。王爺對令郎的虔誠十分感動，也曾設法去救他。可是令郎騎著摩托車速度太快，王爺騎著白馬如何追趕也望塵莫及呀！」

故事中的年輕人熱衷於經營事業本來並沒有什麼錯，可是他採取的方式卻不對頭。事業的因緣源自個人的努力及與他人、環境磨合的不斷積累，而不是對著神像頂禮膜拜。長老的一番話婉轉地指出了這一點。

生活中總是充滿了各種欲望、妄念與空想。當洞悉了事情的真相，瞭解了事情的前因後果之後，我們就可以瞭解眾生同體的道理，就可以從日常生活中不斷地積累與他人和諧相處的因。久而久之，當這種積累經歷了從量到質的提升之後，我們與他人之間的關係也會更上一層樓，並會最終達成人我關係上的圓融。

【蓮心慧語】

星雲大師說：「人生最大的煩惱是欲望，人生最大的收穫是滿足。」對於欲望過分地癡迷，不明白因果，很容易徒勞無功。只有不斷地積累和諧相處的因，一段時間之後，我們與他人的關係才能達到從量變到質變的提升，才能最終達到圓融。

堅守中正，圓融共生

佛說，不悟性德而修頑福，便成魔業。若是不能瞭解修行的本質，並在這上面用功，只是去盲目地廣種福田，修行的人就不能成功地悟道。同樣地，若是不能明白事情的因果，就盲目地放棄自己的原則，我們也不會實現自己的夢想。然而，未知因果就妄求的事情卻常常出現在生活中。

它們的出現源自世人最美好的初衷。人們總是希望能夠透過放下對自己原則的堅守來謀求共生之道。遺憾的是，這個美好的初衷並不能影響事情發展的走向。沒有堅守原則的人們只會在失去底線之後，將更多的茫然不解和不知所措收入囊中。

人們無論如何也想不通為什麼自己的努力換來的卻是這樣的結果。回顧一下自己的思想與言行，也並沒有什麼與他人相悖之處。如此情形令我們百思不得其解，絲絲委屈逐漸湧上心頭。當困惑不斷加深，心頭的委屈也將不斷地擴大，到最後竟然變成了抱怨。而當抱怨開始發揮力量的時候，我們將徹底成為妄想和痛苦的俘虜，並喪失走出困境的最佳時機。《碧巖錄》中收錄的懶瓚和尚的經歷將會對此頹勢的扭轉有很大的幫助。

唐代有位懶瓚和尚，他曾經在衡山上的石室中隱居。唐肅宗聽到了他的盛名，就派了一位使者去召請他到京城去。

於是，一位傳旨的使者就到了懶瓚和尚的石室。他對和尚說：「請尊者快快起來叩謝皇上的恩典。當時，懶瓚和尚正蹲在灶邊，撥著用牛糞點燃的火，尋找在炮熟的芋頭。因為天很冷，和尚的鼻涕一直流到了他的下頷。聽了使者的話之後，和尚並沒有立即答言。

「請尊者擦擦鼻涕。」使者再次提醒和尚。和尚回答說：「我哪裡有閒工夫來幫閒人擦鼻涕呢？」和尚始終也沒有起身。

使者回去就將傳旨的情況向皇上做了稟報。肅宗聽了之後，很佩服懶瓚和尚。受到皇上的器重在古代是非常高的榮譽。懶瓚和尚卻不為所動，始終堅持自己的立場，只是在灶邊尋找烤熟的芋頭。當使者將和尚的情況向皇上稟報之後，皇上非但沒有責怪和尚，反而對和尚讚賞有加。由此可見，妥協並非圓融人我關係的唯一途徑，堅守自己的原則也是非常重要的。生活中的我們就是因為不能明白這一點，才不能走出妄想和痛苦的牢籠。

佛家歷來重視人我關係的圓融。不過，要想達到人我關係的真正圓融並不是要其中一方對另一方毫無異議的全面追隨，而是要雙方在見解、體悟及行動等諸多方面做到求同存異。所以，我們根本無須放棄堅守自我的原則，只要在尋找雙方契合點方面下功夫即可。

當堅持處不可一味變通。如果一個人活著不知道自己將要駛向哪個碼頭，那麼任何風都不會是順風。放棄原則的我們就會像風中搖曳的小草，沒有自己的方向，隨時都可能在下一陣強風的衝擊下失去生命。沒有航向的因緣都是惡因緣。當我們徬徨的時候，無數個可以與他人改善彼此之間關係的機會都就此溜走。

圓融人我關係的途徑有很多種。但是，我們必須要牢記一條原則，那就是一定不要放棄對自己原則的堅守。一個人失去底線的時刻就是他走向痛苦的深淵、迷失自我的時刻。唯有在堅守自我原則的基礎上尋找雙方的契合點，人我關係才能做到真正的水乳交融。

【蓮心慧語】

星雲大師說：「機會在心裡，在能力裡，在理想裡，在結緣裡。」圓融人我關係就是一種結緣。要想把握住這次與人結緣的機會，我們就不能一味地跟隨他人的腳步，而要堅守自己的原則。唯有如此，雙方的交流才能建築在堅硬的磐石之上，才能達到真正的圓融。

第十章　為有源頭活水來——佛說變通

【頌】 祖域交馳天馬駒，化門舒卷不同途，電光石火存機變，堪笑人來捋虎鬚。

【評】 薪盡火傳，生命在於轉化。只有擁有獨到見解的人才能隨機應變，判別休咎，辨別黑白；才能觀察時節因緣，達到收放自如的境界；才能做到恰到好處，將絆腳石變成墊腳石。

世間萬物變化無常，一直處在不斷變化之中。條條大路通長安，生活並非只有唯一的答案。我們若還在固守自己原來的觀念，就是為自己畫地為牢，就會使自己被抱怨和痛苦包圍，就會使自己失去補充新事物、新思想的源頭活水。只有轉變觀念，揭開生活另一面神秘的面紗，我們才能跨越任何障礙，解決任何困難，在人生長河中立於不敗之地。

心由境轉是凡夫，境隨心轉是聖賢

佛說：「不圖變遷，會為舊環境所困擾，修行亦如是。」現實生活中，人們總是習慣於按照「標準答案」順序而行，一旦自己的做法與其不一致，就會變得誠惶誠恐。其實，這個所謂的「標準答案」就是佛所說的困擾我們許久的舊環境。我們如果總是糾結於自己對舊環境的所謂「背叛」，就會心魔叢生，就會失去原有的快樂與寧靜。翠岩令參禪師就曾以眉毛為喻來闡釋其中的道理。

翠岩令參禪師是雪峰義存禪師的衣缽傳人。有一年夏末，翠岩禪師向弟子們開示說：「我用了整整一個夏天來向你們講解佛法。請你們各位看一看我的眉毛還在嗎？」

保福從展禪師回答：「做賊的人心虛了。」

長慶慧稜禪師回答：「眉毛又生了。」

雲門禪師回答：「關。」

眉毛是否還在並不是翠岩禪師要問的重點。他之所以這樣問，是想透過這個問題來瞭解諸位弟子在悟道這件事上是否循規蹈矩。顯然，保福、長慶、雲門三位禪師的回答會令翠岩禪師滿意。他們三位理解問題的角度並不雷同，而且各有深意。

就像問題並非只有一個答案一樣，生活中也不是只有一處風景。所以，我們大可不必為自己與權威的意見相左而耿耿於懷。只要能夠順利地解決問題，我們就是攻克問題城堡的英雄。如果仍然堅持對權威意見的盲目崇拜，痛苦和焦慮的陷阱就會出現在腳下。

古時，在一個地方有兩座寺廟，其中一座寺廟的僧人去買菜，一定要經過另一座寺廟。每當此時，這座寺廟的僧人就會出來與買菜的僧人「鬥法」。一天早上，輪到一個小和尚去買菜，剛到這座寺廟的門前，廟中就出來一個小和尚攔住了去路。

「你到哪裡去？」出來的小和尚問。

「腳到哪裡，我就到哪裡！」買菜的小和尚回答。

問話的小和尚無言以對，就回去請教師父。師父面授機宜：「只要問他沒有腳怎麼辦就可以了。」

第二天，提問的小和尚一見到昨天買菜的小和尚就衝了上去，問道：「你到哪裡去？」

「風到哪裡，我就到哪裡。」買菜的小和尚不慌不忙地答道。

提問的小和尚又一次傻了眼，只好又向師父請教。師父教他：「只要問他沒有風怎麼辦就行了。」

第三天，提問的小和尚又見到了買菜的小和尚。他興沖沖地問道：「你到哪裡去？」

買菜的小和尚回答：「我到菜場去。」

提問的小和尚再次呆若木雞。

挑釁的小和尚經過了師父兩次悉心的指教，為什麼還會落敗呢？問題並不在師父身上，而在於小和尚自己。雖然小和尚問的問題沒有發生變化，但是回答者的答案卻一直在發生變化。挑釁的小和尚並沒有從變化的情況出發，又因為有了師父的指點而盲目自信，所以每次「鬥法」都是以失敗告終。

世間萬物變化無常。隨著萬物的不斷變化，生活在不斷發生變化，社會也在不斷發生變化。就連我們自己也處在不斷變化的過程中。怎樣做才能適應這不斷變化的情況呢？變通是唯一的辦法。只有善於變通，我們才可以跨越任何障礙，戰勝任何困境，才能在人生長河中立於不敗之地。

【蓮心慧語】

聖嚴法師說：「心隨境轉是凡夫，境隨心轉是聖賢。」世間萬物總是處在不斷變化的過程中。我們如果執意固守原來的模式，就會進入一條充滿了痛苦和憂傷的死胡同。只有善於變通，我們才能跨越任何障礙，才能不再畏懼困難，才能安享快樂的生活。

人生如水，隨時而轉

聖嚴法師說：「面對生活，要有最好的準備，最壞的打算。」對此，我們總是對此不以為然。因為即使沒有什麼準備，生活也一直對我們展示出迷人的笑臉。然而，就是那樣看似毫不起眼的小事將毫無打算的我們困在了前進的旅途中，進退兩難。若要走出眼前的困境，當務之急就是要找到一套恰當的解決方案。明招德謙禪師便是一位善於尋求恰當解決方案的高手。

有一次，太傅王延彬到泉州招慶寺中去參訪。當時，福州報慈院的慧朗上座和明招德謙禪師在煮茶，把茶銚（銚ㄉㄧㄠˋ：小型炊具，可用來煮茶掃水）打翻了。王太傅看到之後，就問慧朗上座：「茶爐底下是什麼？」

慧朗回答說：「是捧爐神。」

王太傅說：「既然有捧爐神，為什麼還會讓茶銚打翻了呢？」

慧朗回答：「為官千日，錯在一朝。」

王太傅聽了慧朗的話就拍拍袖子離開了。

明招禪師說：「慧朗吃掉了招慶寺的飯，卻到江外去打枯樹的根。」

慧朗問：「和尚的意思怎麼樣呢？」

明招禪師回答：「捧爐神會找到方便下手的地方乘虛而入。」

後來雪竇禪師提示說：「當時只要踢翻茶爐就沒有事了。」

在這則公案中，慧朗和王太傅借助捧爐神來切磋各自參禪的境界。在佛家看來，直接入道、不可言傳的法門是參禪的最高境界。慧朗卻劍走偏鋒，講出「為官一日，錯在一朝」充滿雙關意味的話來。而王太傅就擺擺袖子，不發一言地離開了。實際上，王太傅是用參禪的最高境界來反擊慧朗的詰難。這樣，慧朗便失去了迴旋的餘地，輸了法戰。所以，明招禪師才會提示說：「捧爐神會找到方便下手的地方乘虛而入。」

「方便」二字是這則公案的精髓所在。它包含的範圍很廣，既包括了慧朗的劍走偏鋒，也包括了王太傅的沉默不言。明招禪師這樣說就是為了提示慧朗只有觀察時節因緣，伺機而動，才能找到轉身的出路。

佛說，現在所得的，是過去所造的；未來所得的，是現在所做的。我們今日的痛苦是自己過去沒有觀察時節因緣、沒有伺機而動所致；我們今日糾結於痛苦，不知反思，將會將痛苦帶到明日、帶到未來。

每個人都有自己的活法，每個人都有屬於自己的歡喜。我們無須羨慕他人，也無須用自己的不如意和不快樂去臆測他人的生活。無論是幸福也好，還是煩惱也好，都是我們自己帶來的。每個人都會在自己的一生中面臨一次又一次選擇。若是不能做到未雨綢繆，我們的人生之路就會越走越窄，我們也會變成只會在生活的夾縫中痛苦掙扎的可憐蟲。唯有從自己的本心出發，用自己的澄明之心去真切地感悟生活，瞭解周圍事物的變化，我們才能擁有自己獨立的看法，與快樂相伴而行。

【蓮心慧語】

星雲大師說：「為人處世在遇到困難瓶頸時，要能如水——遇山水轉，遇石水轉，遇岸水轉，無論遇誰，我轉！」生命如不繫之舟，總是充滿了變數。當我們能夠觀察周圍的時節因緣，能夠隨心而轉時，我們便可安享圓滿的人生。

用心是安全的動力

俗語說：窺一斑而見全豹。佛家也認為可以從一機一境中得知事物全部的內涵。同時，這也是人們在生活中一直默默遵循的準則。然而，這條公認的真理卻沒有帶來樂觀的效果。那些凝結著人們心血的領悟和心得就像一顆顆散落的珍珠，毫無章法可言。這與大家收放自如、人境俱奪的初衷相差甚遠。如何做才能走出這種困境呢？《碧巖錄》為我們提供了維摩詰大士和文殊菩薩兩位對此的深入見解。

有一天，維摩詰大士問文殊師利菩薩：「什麼是菩薩入不二法門？」

文殊菩薩回答：「我是這樣理解的：對於一切法而言，無須言說，無須示識，也無須問答，這就是菩薩入不二法門。」

文殊菩薩講完了，就對維摩詰大士說：「我們把各自的想法都講出來吧。請問仁者，您是怎樣看菩薩入不二法門的？」

維摩詰大士沒有回答。

雪竇禪師說：「維摩詰大士要說些什麼呢？」稍後，自己又說：「勘破了呀。」

「不二法門」是指佛家直接入道、不可言傳的法門。後世用來比喻最好的或獨一無二的方法。在這則公案中，關於對菩薩入不二法門的理解，文殊菩薩採用的是用言語表達的方式，即佛家所講的俗諦或是第二義門，而維摩詰大士以默然相對則是對法門至高境界的最佳理解。所以，雪竇禪師採用「勘破了」來做評點。

其實，文殊菩薩和維摩詰大士的理解並不存在對錯的區別，只在於能否做到收放自如、人境俱奪的區別。能夠對事物蘊含的道理參悟透徹，並用不拘一格的方式表達出來，這便是維摩詰大士最成功之處。

反觀我們自己，最大的失誤就在於不能將事物蘊含的道理融會貫通。正是因為如此，已經參悟的道理才會像散落的珍珠一樣，我們的行為處世才會顯得那樣沒有章法。我們常會對那些可以做到收放自如的人滿懷敬意，並想成為與他們具有相同特質的人。可是，一旦要落實到實際行動上，對於熟悉的環境與固有思維模式的依戀則會成為最大的障礙。就這樣，我們一次又一次地與收放自如、人境俱奪的境界擦肩而過。

然而，就在我們沉溺於熟悉的環境所帶來的安全感時，內心中逐漸湧起的不快樂的陰影卻愈發濃重。為了消除陰影帶來的恐慌，我們開始省視自己，但又覺得沒有什麼可以檢討的地方。久而久之，原本一片澄明的心境中就會長滿迷惑和恐懼的毒蘑菇。

佛眼禪師曾經在《緇門警訓》中提出了著名的「三自省察」，其中第一項自省就提到人生寶貴而短暫，要在有限的時間裡把握生命，做有意義的事情，不要為無聊的事情浪費生命。如果我們整日沉溺在無法達到收放自如的境界中而痛苦得不能自拔就是一種最大的浪費，不如勇敢地離開熟悉的環境，在不斷的磨練中融合自己體悟的道理。用心方是找回安全感的原動力。

【蓮心慧語】

聖嚴法師說：「擔心，是多餘的折磨；用心，是安全的動力。」與其總是對自己無法達到收放自如、人境俱奪的境界心懷愧疚，不如用心去做，不斷體悟與磨合自己學到的道理。久而久之，我們便可以實現自己的夢想，不再為自己的安全感憂心忡忡。

該堅持時就堅持，該轉彎時就轉彎

在日常生活中，我們常常習慣於按照自己最熟悉的思維模式去思考解決問題，即使心中明瞭它並非解決問題的萬能鑰匙卻還是樂此不疲。因為它畢竟幫助自己解決過不少難題，自己對它有著深深的依戀。不過，這種依戀會隨著現實問題的日新月異而逐漸解體。我們若還是執意不肯轉變自己的思想，就會錯過人生最美麗的風景。

圓悟禪師認為，要想做到恰到好處，我們就要有辦法就想辦法，沒有辦法就援用慣例。思考問題就如同登上一座直入雲霄的高峰。思考的過程就是一步一步向上攀登的過程，我們在思考過程中遇到瓶頸之時就是進入雲霧繚繞的山頂之際。只有一直向著自己的目標而行，並且做到隨機應變，我們才能驅散眼前的雲霧，順利地登上峰頂。睦州道明禪師便是一位精通其中精髓的大師。

有一天，睦州道明禪師問一位僧人：「你近來去過什麼地方？」

那位僧人大喝一聲。

睦州禪師說：「老僧被你大喝一聲。」

僧人聽了禪師的話之後，又大喝了一聲。

睦州禪師說：「三喝四喝之後，你又該怎麼辦呢？」

僧人沒有回答。

於是，睦州禪師便打了過去，說道：「你這裝模作樣的傢伙。」

公案中的僧人是一個頗有機鋒之人，只是不曉得什麼時候該堅持，什麼時候該變通。所以，當睦州禪師問他三喝四喝之後該如何，他就不知所措了。

生活中也有很多與公案中的僧人類似之人。他們渴慕生活的美好和人生的精彩，也能夠找到一條不斷前行的道路，可是一旦有人對此提出疑義就不知道如何是好，既不敢按照自己原來的路大步前行，又不敢找一條嶄新的道路來嘗試。實際上，他們未必是懦弱之人，見解也未必沒有可取之處，只是缺乏判斷堅持和變通的能力罷了。人生並非一條平坦的大道，當行至九曲十八彎的時候，就需要我們做出決斷，該堅持時就堅持，該轉彎時就轉彎。

濟群法師認為，多數人的生活只是在欲望和情緒之間搖擺。人們之所以會與幸福擦肩而過就是因為總是與欲望和情緒妥協，不能找到超越欲望和情緒的正確想法。實際上，人們無法放下自己固有的思維模式也是一種情緒。當情緒變得焦躁而激越時，人們在進行人生選擇就會變得盲目，人生目標就會開始變得游移。這樣，即使擁有一顆想要實現夢想的心也終歸是無濟於事，因為不能及時做出取捨的決定已經喪失了最後可能的轉機。

人生在世，常會與困境相隨，而隨機應變是走出困境唯一有效的途徑。只有做到該堅持時就堅持，該轉彎時就轉彎，我們才能遠離焦躁激越的情緒，才能走向希望的坦途，才能與夢想在現實中相遇。

【蓮心慧語】

洞山良价禪師有言：「不求名利不求榮，只麼隨緣度此生；一個幻軀能幾時，為他閒事長無明。」只要放下對習慣思維模式的固守，堅定不移地守著自己的目標，同時做到不拘形式，隨機應變，我們就能實現自己的夢想，享受自在的人生。

把絆腳石變成墊腳石

有一次，有人問趙州禪師：「禪師，什麼是佛法？」

趙州禪師回答：「去洗碗。」

後來，又有一個人問趙州禪師：「禪師，什麼是佛法？」

趙州禪師回答：「去掃地。」

這時，問話的弟子不滿地責問趙州禪師：「難道除了洗碗掃地以外，就沒有其他的禪法了嗎？」

趙州禪師回答：「除了洗碗和掃地，我不知道還有什麼其他的禪法了。」

在提問的弟子看來，佛法是有固定高深的形式的。趙州禪師則想要弟子們明白佛法並沒有什麼高深固定的形式，它可以蘊藏在生活中最平常的洗碗和掃地的過程中。佛法是如此，人生也是如此。當我們追求自己的夢想時，重要的不是轟轟烈烈地宣揚自己的追求，也不是複製他人成功的方式，而是為自己尋找轉身的出路。

道家的先哲老子最推崇水，並把水列為上善。其原因就在於水最善於為自己尋找轉身的出路。無論是高山大河，還是杯碗溝渠，水都從不挑揀。沒有一樣東西會成為水前進過程中的阻礙，沒有一個陷阱會斬斷水經過的路徑。在佛家看來，這就是心包太虛的境界。只有善於將所有的絆腳石都變成墊腳石，擴大自己原有的視野，我們才能做到變通，做到俯仰皆得。鄧州天然禪師曾就此對弟子進行開示。

有一次，鄧州丹霞天然禪師問一位僧人：「你是從什麼地方來的？」

僧人回答：「我是從山下來的。」

丹霞禪師又問：「那你吃過飯了沒有？」

僧人回答：「我吃過飯了。」

丹霞禪師又問：「那個給你飯吃的人是具有手眼的人嗎？」

呢？」

僧人無言以對。

後來，長慶禪師問保福禪師：「給你拿飯吃的人，具有受人感恩的資格，為什麼沒有手眼

保福禪師回答：「施與者和接受者都沒有覺悟，他們兩個人都像瞎子一樣。」

長慶禪師說：「如果他把自己的機用都展示出來，那他還會是個瞎子嗎？」

保福禪師說：「你說我會是個瞎子嗎？」

在這則公案中，天然禪師並非故意糾結於為弟子提供飯食的施主是否具有手眼，而是為了提醒弟子要有廣闊的視野，要為自己找到轉身的出路。長慶、保福二位禪師的唱和恰好將天然禪師的深意表達出來。

在現實生活中，還有很多人像天然禪師的弟子一樣沒有察覺到尋找轉身出路的重要性。他們常常為各種壓力、競爭和衝突所苦，精神常常處在崩潰的邊緣而且還總是哀歎自己的路越走越窄，羡慕別人可以揮灑自如。其實，阻礙他們的不是別人，正是他們自己。

不斷膨脹的欲望使得他們不計方式和後果地拚命提升競爭力。當沒有獲得預想中的效果之際，他們就會患上一種「精神潔癖」，將他人提出的意見或建議統統歸為絆腳石，並將其一概遮罩。殊不知這些意見或建議中隱藏著無數可能改變他們現狀的轉機。

古語有言：「水至清則無魚，人至察則無徒。」佛家也說，心包太虛，才能俯仰皆得。那些

迥然相異的看法便是我們的轉身之處。我們之所以會為壓力、競爭、衝突所苦就是因為把自己與持不同見解的人完全放在了對立的兩邊。如此認知遮蔽了原本清明的一雙慧眼，並使得人們開始偏離了探索事情真相的道路，陷入迷茫的陰霾裡。我們若是能夠吸取這些迥然相異的看法，把絆腳石變成墊腳石，便能走出當前的迷局，走向屬於自己的勝利。

【蓮心慧語】

星雲大師說：「對於立場、意見不一的人，其實我們應該心生歡喜，因為他們是我們最好的逆增上緣。」對於立場和意見的執著會讓我們陷入迷失的死胡同。只有欣然接受那些不同的見解，我們才可能找到自己轉身的出路，走出當前的迷局。

生活本身即是變通

人生如白駒過隙，一轉眼就過去了很多年。回首往昔，我們赫然發現自己還有那麼多未了的心願。如果將它們寫在紙上，一定能寫下長長的一串。於是，我們在感慨歲月蹉跎之餘，便開始了抱怨，抱怨自己的無能為力，抱怨自己的年少無知，抱怨自己的不識時務。其實，人生的每一份苦樂皆來自於我們自己，無須感慨，也無須抱怨。我們只須好好善待生活，因為生活本身即是變通。鎮州金牛和尚便對此有著獨特的理解。

據說，每次到用齋飯的時候，鎮州金牛和尚總會自己拿著飯桶在飯堂前跳舞，然後呵呵大笑著說：「你們這些菩提子快來吃飯呀！」

後來，長慶慧稜禪師升堂講法的時候，有一位僧人向禪師請教：「禪師，請問菩提子快來吃飯這句話的意旨是什麼？」

長慶禪師回答說：「很像用齋慶贊。」

在飯堂前面邊歌邊舞只是一件小事，鎮州和尚卻做得很自然。長慶禪師所講的「很像用齋慶贊」就是對鎮州和尚善待生活態度的讚頌。

於我們而言，善待生活並非一件難事，只是很多時候，我們還是更習慣在以平常面目出現的生活面前保持泰然自若的心態。當生活以另一種面貌出現時，很多人便會陣腳大亂，不知如何是好，心中滿是緊張、焦慮和慌亂；而且這些激烈的情緒若是沒有在短時間內消失，我們還會從心中生出一種莫名的恐懼感，以為自己再也無法駕馭自己的生活，每天都在戰戰兢兢中度過。其實，這一切的發生都是由於我們忽略一個事實，那就是生活本身即是變通。

通常情況下，我們對待生活的態度可以分為三類：第一類就是在回憶中度過每一天，從過去的歲月中體驗無邊的留戀和感傷；第二類就是在期盼中度過每一天，守著對未知的空想蹉跎歲月；第三類就是將現實和理想結合起來，既擁有長遠的眼光，又能從眼前做起。其中前兩類態度的出現就是由於只看到生活的一種面目所致。只有將現實和理想結合起來，我們才能看到生活真實的面目。

當然，與美好的生活相攜而行是每個人的初衷，但無論是沉溺於過去的痛苦，還是沉溺於未來的空想，都是一種對於得失福禍的過分糾結，都是一種不自信的表現。人生在世，固然會有過去的經歷與對未來的嚮往，但是要想達到高處就一定要從低處來，而不是一味地沉溺。有一位禪師曾經做過這樣的譬喻：「宇宙有多大多高？宇宙只不過五尺高而已！我們這具昂藏六尺之軀，想生存與宇宙之間，只有低下頭來！」

有一次，明心禪師從外遊方歸來，看到寺中的學僧們正在畫一幅畫。走近一看，原來是一幅龍虎鬥。只見一條巨龍從雲端盤旋而下，老虎蹲踞山頭，做出要撲下的姿勢。這幅畫已經經過了很多次修改，可是僧人們還是不滿意，卻又找不到問題所在。

這時，明心禪師微笑地提醒道：「是動態不足呀。」

學僧們想要知道具體的原因。禪師答道：「龍展開攻勢之前，頭一定會向後退縮；老虎開始向上撲去的時候，頭一定會自然地向下壓低。龍的脖子越是彎曲，老虎的頭就越低，衝勢越猛，撲勁越大，這是再自然不過的了。」

學僧們紛紛贊同地點點頭。

明心禪師進一步指點迷津：「為人處世、參禪悟道也是同一個道理呀。」

學僧們聽了之後恍然大悟。

這幅龍虎鬥的畫就是生活的象徵。生活多變，有時頂天立地，就像龍抬頭老虎蹲踞高山；有時也要虛懷若谷，就像龍縮頸，虎低頭。所以，只有瞭解生活的變通之法，懂得生命的高下之道，我們才能在人生的道路上進退得宜，得到歡喜。

【蓮心慧語】

聖嚴法師說：「不用牽掛過去，不必擔心未來，踏實於現在，就與過去和未來同在。」生活本身即是變通。若能善待現時的生活，體悟生命的高下之道，我們就不會在人生的道路上迷失方向，就可以安享快樂的生活。

第十一章　從當下開始——佛說篤行

【頌】擒得盧陂跨鐵牛，三玄戈甲未輕酬。楚王城畔朝宗水，喝下曾令卻倒流。

【評】只從知識和事境中汲取智慧還不夠。只有知行合一，將自己的智慧竭盡全力地運用到行動當中去，我們才能更好地做事，才能夢想成真。

紙上得來終覺淺，緣知此事要躬行。我們總是借助各種不同的途徑來汲取智慧。然而，智慧如果沒有轉化成行動的力量，就只是一座沒有根基的海市蜃樓。只有將智慧和行動結合起來，以出世之心體悟，以入世之心做事，我們才能笑對功名利祿，以淡定的態度看待是非得失，才能與成功相遇，與歡喜同行。

以出世之心做入世之事

佛家認為，要不辭辛苦地去追尋心中的道，並且要以一種積極的方式入世尋道。同樣的道理，即使理想再美好，目標再高遠，若是不能懷著一顆真心去身體力行，也只是一座無法觸摸的空中樓閣。大德禪師的相關開示將會為我們在與成功和快樂同行的旅程中提供很好的借鑒。

有一位僧人問大德禪師：「當修行達到非常清高的境界，我們就好像站在高高的山頂上，站在人跡罕至的地方。這時，他會有什麼佛法道理可言嗎？」

大德禪師回答說：「有的。」

僧人又問：「什麼是深山裡的佛法？」

大德禪師回答：「石頭大的大，小的小。」

修行到達人跡罕至的清高境界並非沒有繼續前進的餘地。大德禪師的話為修行者指明了一條繼續前進的道路——要將自己修行的功夫運用到塵世間的行動中去。悟道不僅僅是要修得自身的清涼高遠，還要惠及他人，回到繁雜的塵世中去，做到普度眾生。

生活同樣是一種修行。要想功德圓滿，夢想成真，我們就需要將自己的理想、真心和行動結合起來，三者缺一不可。實際上，很少有人會為理想和行動發愁。人生旅途中從來就不缺乏追求理想的人和踐行者，最難的是擁有一顆真心。無論是在工作中，還是在生活中，我們常常會被過多的牽掛和過度的執著牽扯，以至於時常被焦躁激越的情緒牽著鼻子走。

若是讓負面情緒引領了人生的主旋律，我們縱使擁有萬丈豪情，最後也只能在痛苦和糾結中蹉跎，不可能活出灑脫的境界，更不能將自己的理想付諸行動。

長久以來，取得成功，創造一個屬於自己的世界便成為幾乎每個人的心中所想，並且為了實現這一夢想，很多人也付出了無數艱辛的努力，只是結果並不樂觀。很多時候，我們還是會有很多無法掌控的事情，還會時常感覺不到快樂。其實，這一切都與我們自己密切相關。我們已經在過多的牽掛和過度的執著中失去了一顆真心，模糊了洞悉事情真相的慧眼，竟然無法分辨出什麼才是真正的成功。所謂真正的成功就是用出世的心來做入世的事，笑對功名利祿，坦然面對得失，在成敗面前處變不驚。唯有如此，我們才能將自己的理想變成現實。

曾經有人這樣問慧海禪師：「禪師，你有什麼與眾不同之處？」

禪師回答：「有。」

「是什麼呢？」

禪師答道：「我餓的時候就吃飯，累的時候就睡覺。」

「這算什麼與眾不同呢？每個人不是都會這樣做嗎？」提問的人非常不解。

禪師笑言：「當然是不一樣的。」

「為什麼不一樣呢？」提問的人不死心地繼續提問。

禪師答道：「這是因為其他人在吃飯的時候總是想著別的事情，並不能專心地吃飯；在睡覺的時候也常常做夢，睡得並不安穩。而我就不同了，吃飯就是吃飯，睡覺就是睡覺，什麼也不想。這就是我的與眾不同之處呀。」

稍微頓了一頓，禪師繼續說道：「世人很難做到心用合一，因為他們總是在利害得失、浮華富貴中穿梭，有了種種思量和千般妄想。這樣，他們就被生活的表象所阻。迷失了自己的心，無法用自己的心去感悟生命，結果也就不能找到生命的真諦。」

由此，我們不難看出，只有放下是非得失，放下種種思量和千般妄想，我們才能感悟生命，才能領悟生命的真諦。慧海禪師的一席話正是對出世之心最好的說明。

人生從來都不是千篇一律可以加以複製的旅程，並不受任何妄想與思量的左右。只有做到心用合一，以出世之心做入世之事，我們才能避開是非得失對自我行動的影響，才能在現實中擁抱理想。

【蓮心慧語】

弘一大師說：「善有善報，惡有惡報。欲挽救世道人心，必須於此入手。」所有的是非、善惡、成敗、福禍都是我們自己帶來的。我們如果能以出世之心做入世之事，就能使自己的身心放鬆，就能促使自己的理想儘快變成現實。

沒有方向的飛翔只是姿勢

相鄰的兩座山上住著兩個和尚。他們每天都會在同一時間到兩山之間的溪邊取水。不久之後，兩個和尚就成了好友。

日月如梭，轉眼間就過去了五年。有一天，右邊山上的和尚突然發現他的朋友沒有下山取水，心裡想：「他可能是睡過頭了。」就沒有把這件事放在心上。可是，七天過去了，他的朋友還是沒有下山取水。一個月過去了，他的朋友仍然不見蹤影。這時，右邊山上的和尚終於沉不住氣了。他決定去拜訪一下自己的朋友，瞭解一下到底發生了什麼事。

於是，右邊山上的和尚就爬上了左邊的山峰，來拜訪他的朋友。

當到達朋友的廟裡時，他不禁大吃一驚。原來他的朋友正在廟前打太極拳，看起來一點也不像一個月沒有喝水的人。他好奇心大起，就問道：「你都一個月沒有下山了，難道你不用喝水嗎？」

聞言，他的朋友笑了笑，將他拉到了廟的後院。右邊山上的和尚看到了一口井。朋友看出了他的疑問，於是就解釋道：「這五年來，我每天做完功課之後，都會抽出一定的時間來挖這口井。就在一個月前，我終於挖出了井水。這樣，我就可以不必再辛苦地下山挑水，就可以有更多的時間來練自己喜歡的太極拳了。」

開始的時候，兩座山上的和尚都必須下山挑水吃。五年之後，左邊山上的和尚就不再需要下山挑水了，因為他有了一口井。這口井不僅僅為左邊山上的和尚提供了水源，還是他自力更生尋求出路的象徵。正因為瞭解事情應該從哪裡出發，才使得他過上了自給自足的生活。

沒有方向的飛翔都只是姿勢。同樣地，找不準出發點的行動只會帶來迷惑和惆悵。遺憾的是，生活中的我們在更多的時候卻像右邊山上的和尚一樣，只把目光停留在別人已經獲取的成就之上。面對這些引人羨慕的成就，我們不禁心生嚮往。若是自己也能如此就好了，可是為什麼自己就遲遲沒有這樣的好運？

其實，無論是成就也罷，運氣也好，都是由我們自己帶來的。若想自己也擁有如此成就，我們就要在別人的輝煌面前靜下心來，將目光轉到如何才能找到正確的出發點之上。《碧巖錄》就為我們提供了禪學大家趙州禪師的相關開示。

有一天，一位僧人問趙州禪師：「自古以來，趙州城東的石橋就很有名氣。可是，當我到趙州的時候，我卻只看到了獨木橋。」

趙州禪師說：「你只看到獨木橋，卻沒有看到石橋。」

僧人繼續問：「石橋又怎麼樣？」

趙州禪師回答：「渡驢、渡馬。」

石橋本來是趙州最有名的建築，而僧人卻說他只見到了獨木橋。接著僧人又問石橋如何。很顯然，僧人提問的出發點並不在於石橋，而在於與趙州禪師切磋機鋒。正是因為瞭解到這一點，趙州禪師才回答「渡驢、渡馬」。

佛家認為，每一次轉念都是幸福的好機會。如果我們能將自己的關注點做個轉換，將對事情結果表象的崇拜轉換為對事情出發點的關注，一個嶄新的世界就會出現在我們面前。對於自己是否優秀的質疑將會進入歷史的故紙堆，取而代之的是我們對於事情本身的好奇心和求知欲。正是在這種好奇心和求知欲的推動下，我們才會與痛苦、糾結這些負面的情緒說再見，才能迎來一個充滿歡喜的明天。

【蓮心慧語】

聖嚴法師說：「只有放下，才能獲得真正的自由。」只有放下對以結果形式出現的現象的崇拜，找準事情的出發點，我們才能真正地從現象崇拜的迷霧中解脫，才能為自己的行動提供借鑒，才能安享快樂的生活。

備足柴火再燒水

古人常說：觀其言知其行。時至今日，這條規範仍然在人們之通行。每當有言行不一的情況發生，人們就會表現出極大的反感。星雲大師也說：「做事的態度不要空談，要落實！舉心動念時要想我能不能做到？不可輕諾寡信，生活教育才是根本。」保福遊山的公案便為此提供了更鮮明的注解。

有一天，保福從展、長慶慧稜兩位禪師一起去遊山。保福禪師用手指著山說：「這座山和文殊菩薩與善財童子所說的勝樂國妙峰沒有什麼差別。所以說，這裡就是妙峰的峰頂。」

長慶禪師說：「這樣說是不錯，只可惜有點……」

後來，長慶禪師把這件事告訴了鏡清禪師。鏡清禪師說：「如果不是長慶，就要掉進見地偏枯的枯木寒岩那樣的境界裡了。那樣的話，漫山遍野見到的就都是骷髏了。」

就這則公案來看，長慶禪師並不反對保福禪師「無處不是妙峰峰頂」的見解，只是認為還缺少些什麼。在長慶禪師看來，像保福禪師那樣悟到超越形式限制的虛空境界並不完善，必須要回到眾生的世界當中去才是圓滿。而將佛法傳遞給眾生正是佛家的根本宗旨所在。所以鏡清禪師才會說：「如果不是長慶的話，就要掉進見地偏枯的枯木寒岩那樣的境界裡了。」

在鏡清禪師看來，作為一個修行的禪僧，一定要讓自己的言行與道相應。如果稍有不慎，就會如保福禪師一樣，掉進貌似芳草鮮美實則是假解脫的陷阱中。言行一致同樣是生活中需要遵循的規範，任何挑戰認知和誠信底線的行為都將帶來對自己的拖累和他人的反感。

一位青年在工作中遇到了很多不順心的事情。於是，他決定去廟中拜訪與自己友善的禪師，請禪師為自己指點迷津。當到達廟中之時，禪師正在後山的溪邊讀書。青年就疾步向後山走去，將自己的滿腹委屈盡數講給了禪師聽。禪師一直在微笑著傾聽。聽完青年的講述之後，禪師並沒有急於做出評論，而是對青年說：「我有些口渴，請你先幫我燒一壺開水！」

青年想也沒想便爽快地答應了，隨後便開始尋找燒開水所需要的東西。他先是在距此不遠的小木屋中找到了水壺和爐灶，再出去撿了一些枯枝回來，隨後便生火燒水。出乎意料的是，燒水所用的水壺實在太大了，撿來的柴已經燃盡，水卻絲毫沒有要燒開的意思。青年只好再次出去撿枯枝，不過回來之後發現水又涼了。不過，這次青年已經記取了上次的教訓，沒有急於生火燒水，而是又出去撿回了一些枯枝。由於燃料充足，水一會兒就燒開了。

此時，一直在旁邊的禪師笑了。青年不明白禪師為什麼笑，便向他請教。禪師解釋道：「你一開始就滿口允諾，就像射箭時將弓拉得太滿了一樣，可沒有足夠的柴是不能將水燒開的。要想把水燒開，你就要倒出一些水，或者是先去準備充足的柴火。做事也是如此。若是沒有十分的把握，就不要講十分的話。否則，就會像你剛才那樣不斷地拖累自己，同時還會引起他人的反感。」青年恍然大悟。

有幾分把握，便說幾分話，便做成幾分事。口不擇言，只會拖累自己，引起他人的反感。這就是禪師為青年指點的迷津。

簡單的生火燒水如此，包羅萬象的人生也是如此。古人常說：「大車無輗（輗ㄋㄧˊ），小車無軏（軏ㄩㄝˋ）。」輗和軏都是車子上的關鍵所在。當無法把握住這些關鍵所在時，行為就會失控，我們就會為自己的虛妄付出代價。唯有謹言慎行，言行相符，才能在行進的道路上快馬直行。

【蓮心慧語】

佛說，做人做事要謹言慎行。禪是嚴謹的，禪就是一面觀照內心的明鏡。唯有以禪滌心，謹言慎行，我們才能放下心中的虛妄，避免許多不必要的麻煩甚至是禍端，才能言行一致不落空談，才能贏得自我的圓滿人生。

一沙一石都有無限的世界

有些東西總是看上去很美，令人愛不釋手。不過，更多的時候，它們不過是欺騙了我們眼睛的假象。比如，面前有兩杯冰淇淋，其中一只是用容積為50克的杯子裝了70克的冰淇淋，另一杯則是用100克的杯子裝了80克的冰淇淋。猜猜大家會選哪一杯呢？也許，你會說當然是第二杯了。錯！實際上，我們選第一杯的機率更大一些，因為它看起來更多一些。

這便是「看上去很美」的效果。經銷商正是利用這種視覺上的錯覺來增加自己的營業額。不過，它卻會為我們的行動提供一個相當糟糕的指導。若想扭轉這種不利的局面，我們就需要從岩頭禪師的深入見解中汲取相應的借鑒。

雪峰禪師曾經在德山禪師門下做飯頭。

有一天，到了晚齋的時候，德山禪師拿著飯缽到法堂去。

雪峰禪師說：「既沒有敲鐘，也沒有敲鼓，和尚拿著飯缽要到哪裡去？」

德山禪師沒有講話，就低著頭走回到方丈室去。

雪峰禪師將這件事告訴岩頭禪師。

岩頭禪師說：「大小德山都不懂得末後句。」

德山禪師聽到了，就吩咐侍者將岩頭禪師請到方丈室，問他道：「你不認可老僧嗎？」岩頭禪師用話暗示他。

後來，德山禪師再到堂上去說法的時候，果然和平常的作風很不相同。岩頭禪師便在僧堂前面拍掌大笑：「我真是太高興了。他終於懂得了末後句，以後天下人就不能拿他怎麼樣了。雖然如此，他也只能再活三年。」

古人常說：末後一句始到牢關。岩頭禪師說「大小德山都不懂得末後句」是指德山、雪峰兩位禪師都沒有明白對方的宗旨是什麼。直到岩頭禪師用話暗示，德山禪師才徹悟其中的真諦。所以，每逢做事之時，我們都要睜開自己的一雙慧眼，不要被「看上去很美」的假象所迷。

惠弘大師說：「脫體現前無躲避，鼻頭向下少人知。」世間萬物從來都是毫無隱瞞地以自己的本來面目出現在眾人眼前的，可是人們卻很少能察覺這一點。更多時候還是習慣於糾結於表象，按照自身好惡對周圍的事物做出判斷。如此時間久了，人們就會與事情的真相漸行漸遠，無法與它們相遇。

正是因為常常與事情的真相相隔兩端，我們才會對自己成為「看上去很美」的假象的俘虜事實一無所知，實現理想的行動也才總會由於指導方向的問題而遭遇失敗。

古人常說：繩鋸木斷，水滴石穿。生活便是從一點一滴開始的。因此，我們在對任何一個事物進行判斷之前，都應該靜下心來，心無雜念地對其進行充分的調查、瞭解和分析。唯有如此，我們才能確保自己不會陷入「看上去很美」的假象中，才能確保自己得出客觀而正確的結論，才能使自己不再在實現夢想的行動中遭遇失敗。

【蓮心慧語】

星雲大師說：「對事情不要看一時，不要只看表面，要在生活中找出自我的一片空間，因一沙一石都有無限的世界。」當「看上去很美」的表象成為評判的依據時，我們就不能做出正確的判斷，行動就失去了準繩。唯有去除外物，不落尋常窠臼，我們的行動才能進入正軌，生活才會陽光燦爛。

心不妄念，口不妄言

星雲大師說，所謂「條條大路通長安」，其實世間的道路並非條條都是大道，正如人生的前途，有的崎嶇坎坷，有的平步青雲。如何走路，也要靠吾人慎重選擇。

世間萬物變化無常。這便是人生。每天早晨睜開雙眼時，眼前已經堆滿了亟待解決的事情，只有晚上進入夢鄉之後才能與它們暫別。第二天、第三天……天天如此。若想使每天的行程都進行得有條不紊，我們就需要具備出色的處理複雜事情的能力。投子大同禪師就曾就此進行開示。

有一天，趙州禪師向投子大同和尚請教：「如果一個人參禪參到了懸崖撒手，大死一番之後，等他再蘇醒過來會是什麼樣子呢？」

投子大同和尚回答：「就好像要走一段很遠的路程，限定你必須在天亮時分到達，卻又不許你走夜路。」

趙州禪師請教的是禪宗中著名的「大死一番，絕後再蘇」的佛理。這是一個提升自我的至高之境。投子禪師並沒有運用佛家經典來旁徵博引，只用生活中最常見的走遠路作答。在投子禪師看來，「大死一番，絕後復甦」與不得用走夜路的方式來加快行程沒有什麼區別。所謂不准走夜路就是指要捨棄形式上的東西，放下對於佛法、道理、玄妙、得失、是非、長短等等的計較與思量。古人將這種情形稱之為「平地死人無數」。唯有做到這一點，修行者才能成功悟道。

其實，投子禪師提及的悟道方法本質上就是一種慎重選擇、化繁為簡的能力。這種能力在人生旅途中同樣起著不可低估的作用。我們總會在不斷前行的過程中遭遇魚和熊掌不能兼得的情況，若不能適時地做出選擇，只會在取捨不定、猶豫不決中將魚和熊掌盡數失去。

不過，即便做出了選擇，還是有一種情形可能出現，那邊是後悔。「要是當初……就好了。」一為數不少的人在感受到貿然做出選擇的結果之後時常將此話掛在嘴邊。它是人們後悔情緒最為直接的表現之一，會從口中蔓延到心裡，直到滲入血液中。原本柔軟放鬆的心也會因此而糾結成堅硬的一團。此刻，在人們獨有的個人空間裡，澄明正在逐漸隱去，取而代之的是看不清端倪的陰霾。正如開弓沒有回頭箭，我們永遠也不可能再回到原初的起點。因此，在做選擇之時一定還要加上「慎重」二字。

弘一法師說：「心不妄念，身不妄動，口不妄言，君子所以存誠。內不欺己，外不欺人，上不欺天，君子所以慎獨。」想法越清淨，智慧越清明。若是做出選擇之時，能夠心無雜念，我們便能洞悉事物的真相，做出慎重的判斷。

化繁為簡、慎重選擇不僅是一種能力，更是一種提升自我行動能力的境界。心內複雜的人永遠不會享受到簡單的快樂。他們從來沒有想到這個世界竟然還會有簡單二字存在。所以，他們只是對於得失、成敗與福禍更加關注，每日疲於奔命，忙於算計，直到生命終結的那一刻到來時才會恍然大悟。原來人生還有一條通往勝利的捷徑。

每當卸掉了身上所有的偽裝和雕飾，以一顆澄明的真心面對世界，面對自我的時候，我們便進入了化繁為簡的境界。這時，我們便能明快地做出判斷，慎重地對眼前的事情做出選擇，便能從當下開始加速前行。

【蓮心慧語】

弘一大師曾言：「吾等凡有所作所為，起念動心，佛菩薩乃至諸鬼神等，無不盡知盡見。若時時作如是想，自不敢胡作非為。」這便是一種慎重的態度。當慎重地做出選擇之後，如亂麻一樣的世事就會變成條分縷析的幾塊，我們便可以在前進的道路上暢行無阻。

不全力而行就是欺騙自己

有一年，風穴延穴禪師在襄州鹿門寺和廓侍者一起度夏。廓侍者告訴他應該去拜見南院慧顒禪師。風穴延穴禪師說：「我來到這裡應該知道他是主人，真的應該去拜見他。」

於是，風穴延穴禪師便去拜見南院慧顒禪師：「我特地來覲見您。」

南院禪師左手拍了一下膝蓋。風穴延穴禪師便大喝一聲。

南院禪師又用右手拍了一下膝蓋，風穴延穴禪師又大喝一聲。

南院禪師舉起左手說：「這個從你。」又舉起右手說：「這個又怎麼樣？」

風穴禪師說：「瞎！」

南院禪師就拿起了拄杖。

風穴禪師說：「您這是幹什麼？」

第二天，南院禪師說：「你今年夏天住在什麼地方？」

風穴禪師回答說：「我在鹿門寺和廓侍者一起度夏。」

南院禪師說：「原來你親眼見到了宗師。他向你說過什麼話呢？」

風穴禪師說：「他只是始終教我要能做得了主。」

南院禪師就伸手將風穴禪師推出方丈室外，說：「你這種敗缺的傢伙有什麼用？」

風穴禪師從此心悅誠服，在南院禪師門下做了五年園頭。

有一天，南院禪師在院中問風穴禪師：「南方一棒該怎麼商量？」

風穴禪師回答：「應該作奇特商量。」隨後又問南院禪師：「和尚要怎麼商量？」

南院禪師回答：「棒下無生忍，臨機不讓師。」

風穴禪師聽了之後當下大徹大悟。

這個長長的公案概括了風穴禪師悟道的全過程。開始的時候，風穴禪師去參訪廓侍者。廓侍者囑咐他要自己做得了主，可是並沒有得到他足夠的重視。後來去參訪南院禪師時，幾番交鋒之後，風穴禪師終於意識到自己的不足，便留在南院禪師處五年，潛心於學習和體悟。最後，終於在南院禪師「棒下無生忍，臨機不讓師」的開示下悟道。

人有悲歡離合，月有陰晴圓缺。人生總是充滿著各種不圓滿。即使將完美定位為自己追求的標準，我們也難免會遭遇種種缺憾。星雲大師說：「喜歡月圓的明亮，就要接受它有黑暗與不圓滿的時候；喜歡水果的甜美，也要容許它經過苦澀成長的過程。」因此，我們無須出語抱怨，也無須妄自菲薄，只須像風穴禪師一樣竭盡全力，向著目標努力前行即可。

做事本來就是一個逆水行舟的過程。一旦前進的動力減弱，倒退便會發生。所以，當不能做到全力而行時，我們就會被痛苦、妄想和悲傷淹沒，就會對自己失去信心，就會失去前行的動力，就會與成功失之交臂。

生活就如不繫之舟。當與目標失散、只與現實相伴的時候，我們就會走進一個與幸福永不相見的死胡同；當與目標相伴、拋棄現實的時候，我們又會陷入不停的妄想之中，變成一個憤世嫉俗的人。只有全力地找到理想和現實的結合點，用現實的方式去實現自己堅守的理想，整個人生才能被自己發出的光芒照亮，我們才能走自己要走的道路。

【蓮心慧語】

憨山德清禪師有言：「刀耕火種是良方，秋到家家晚稻香。放不下時擔取去，何如福田待來春。」做事的過程就是一個逆水行舟的過程。如果不能全力而行，我們就會在離成功最近的沙灘處擱淺。唯有全力而行，我們才能安享圓滿的人生。

讓心盈利，用心行走

經濟的飛速發展使我們用四十年的時間完成了西方國家幾百年的現代化進程。人們也從此過上了衣著光鮮、物質豐沛的生活。不過，隨著物質生活的水漲船高，各種外來思潮也不斷湧入。多元的文化在為我們帶來廣闊視野的同時，也令原有的觀念和思想受到了很大的衝擊，甚至會有不少人在種類繁多的文化中迷失了自己，失去了用心行走的能力。

在佛家看來，人們應該過一種「讓心盈利」的生活。可是，這於很多人而言卻是一種奢望。為了緊跟時代，緊跟潮流，人們開始了不知疲倦的加速運動，以求能夠站在時代巨浪的潮頭。遺憾的是，如此努力換得的卻多是傷痛和失望。命運好像總是在捉弄他們，似乎他們越是努力，打擊來得就越是沉重。

其實，這一切都源於他們自己。世間的因緣就是如此。種下怎樣的因，就會結出怎樣的果。當欲望和妄求取代心靈成為被關注的重心時，心靈的訴求就會被自然地忽視，前進中的心靈就會喪失前進的動力。若能像趙州禪師一般無論什麼情況都能去吃一杯茶，我們便可尋到用心行走的力量。

每次有禪僧來趙州禪師處參訪的時候，禪師都會問一個問題：「你曾經到過這裡嗎？」

禪僧們有的回答來過，有的回答沒有。而無論禪僧們的答案如何，趙州禪師總是回答：「吃茶去！」

有一天，院主就問趙州禪師：「禪師，每次有禪僧來參訪的時候，您總是問他們到底來過沒來過這裡。可是，無論他們回答什麼，您總是說：『吃茶去！』請問這是什麼意思呢？」

聽聞此言，趙州禪師叫了一聲：「院主！」

院主應諾。

隨後，趙州禪師又說：「吃茶去！」

趙州禪師在當時就已經是著名的禪學大師。許多僧眾希望透過參訪他來找到悟道的門徑，只可惜的是他們卻從來沒有意識到真正的佛法只能從自性中悟得。所以夾雜著強烈的欲望和訴求的禪僧幾乎都被趙州禪師一句「吃茶去」所困。在趙州禪師看來，只有讓自己的心暢行無阻，才能真正地修禪悟道。

古人說：「心隨萬境轉，轉處實能幽。」當無法在生活中卸下沉重的面具時，我們就將失去一顆淡定釋懷的心，就將在迷失的森林中毫無情緒地亂撞，就連我們的心也將喪失獨立行走的能力。

心靈的行走也是努力前行中的一種，可是之前我們卻因為對於成功的過分渴望而忽略了。如果不能在獲得財富的同時也將內心的寧靜與祥和收入懷中，即使有再多財富在身側，我們也無法得到真正的快樂。

佛家認為，真正的財富來自我們的心底。心靈的輕鬆和快樂是世間最大的幸福。若能及時將它們收入懷中，我們就會因此變得身心富足，努力精進。若是為此而放棄自我的原則與追求，生命的尊嚴將受到最大限度的挑戰。只有在得失成敗之前保持淡定超然的態度，我們才能放下心頭的重擔，才能在前進的途中獨立行走。

【蓮心慧語】

星雲大師說：「唯有將心胸作無限的擴大，將眼界作無邊的伸展，才容易達到人與人之間、人與事之間或人與物之間的溝通交流。」敞開心竅，才能得大境界。如果能夠放下心頭的重擔，以一顆淡定釋懷的心觀照自己的人生，我們就能讓自己的心盈利，用心行走。

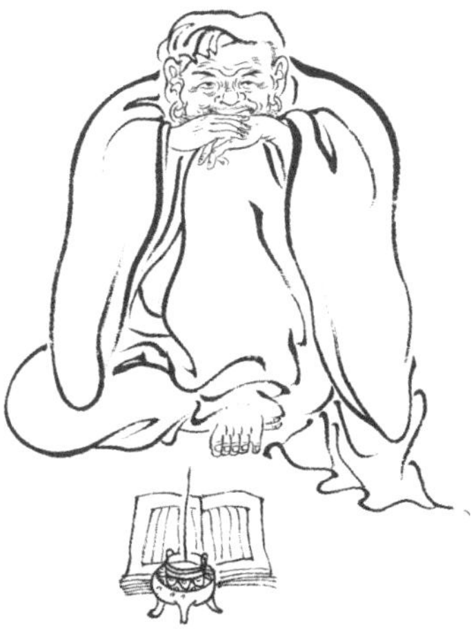

第十二章　和太陽、月亮一樣年輕——佛說精進

【頌】犀牛扇子用多時，問著原來總不知。無限清風與頭角，盡同雲雨去難追。

【評】若想不斷地精進，我們就需要打破平常的見解，截斷是非得失，並一門專注地努力。唯有經過如此雕琢，我們才能步步踏著，不斷提升自己。

人生就是一個不斷精進的過程。每個人的領悟能力不同，贏得智慧的能力也有快有慢。但是，只要注意在修行的過程中不斷地積累，不斷地琢磨，我們就可以慢慢地變得見解透徹，體悟深刻，就可以在不斷精進的過程中提升自己，走向成功。

尋一盞照亮航程的明燈

有一天，唐肅宗問南陽慧忠國師：「在您圓寂之後，我需要替您準備什麼東西呢？」

慧忠國師回答：「請您替老僧做一個密不通風的無縫塔。」

肅宗說：「請大師講一講塔的式樣。」

過了很久，慧忠國師才問：「您知道是什麼式樣了嗎？」

肅宗回答：「我不知道。」

慧忠國師說：「我有一個繼承衣鉢的弟子耽源應真禪師，他一定知道該做什麼式樣。陛下可以下詔去問他。」

慧忠國師圓寂之後，肅宗就下詔書給耽源應真禪師，問他慧忠國師的話是什麼意思。

耽源禪師回答：「湘之南、潭之北，中有黃金充一國。無影樹下合同船，琉璃殿上無知識。」

「國師塔樣」是佛家著名的公案。所謂「無縫塔」其實就是清淨法身的化身，無形可見，無可比擬，只有慧心法眼才能識得。慧忠國師之所以會提出請求皇帝建造無縫塔就是希望他能夠體悟其中的佛法。只可惜皇帝卻沒有抓住定盤星，只將著眼點停留在塔樣之上，辜負了慧忠國師的一片心，直到耽源禪師到來之後才破解了這一謎團。

定盤星本是桿秤上秤砣所在的位置，常用來比喻擁有一定的主張，能有準主意，因其重要性廣受後世推崇。圓悟禪師就曾言說，就算已經看得很清楚了，還是不能錯認定盤星。一旦錯認了定盤星，我們就將陷入無窮無盡的苦難當中。

生活中不乏這樣一些人。他們也將提高自己的見識和境界定為努力的目標，可採用的方式卻常令人哭笑不得。比如，為了讓他人認可自己的見識廣博，就故意誇大自己的見聞；再比如，為了獲得處事八面玲瓏的讚譽，便故意編造自己與某位名人之間交往的故事，並極力渲染其中的細節。可惜的是，五花八門的手段卻始終無法改變行為的本質。如此行為不僅對於見識和境界的提升毫無幫助，反而會使心中的欲望和妄想不斷堆積，久而久之，甚至會失去追求上進的願望，迷失在妄想聚成的海洋之中。而這一切都是沒有找準定盤星的結果。

日休禪師說：「今天比昨天好，明天比今天好，天天好一點，就是進步。」若能及時找準定盤星，我們便可以如日休禪師所言，為自己駕起一葉安全行駛在人生海洋中的扁舟。而在成敗、得失、禍福面前保持淡定安然，放空自己的心靈則是看清事物的本來面目、找準定盤星的重要前提。

見識與境界的提升是一個不斷努力的過程。我們如果沒有認錯定盤星，就可以沿著一條身心無礙的寬敞大道行進，不會遇到任何遮掩的浮雲；就可以遠離妄想和欲望之海，不會受到任何形式的傷害；就可以不斷消化和吸收新事物，時刻保持自己像時代一樣年輕。

【蓮心慧語】

釋迦牟尼在臨終之前留下遺言：「以自己為島嶼、為舟航、為明燈。」當不能認準定盤星的時候，我們就會陷入妄想和欲望的海洋。當定盤星被很好地掌握時，我們將沿著一條身心無礙的寬敞大道一路前行。

尚未付出就不要期待收穫

聖嚴法師說：「昨天付出是昨天的事，如果今天尚未付出，就不要期待收穫。」一日不作便一日不食是很多禪修者秉承的作風。在他們看來，只有腳踏實地，才能修行圓滿，層層精進。若是能在生活中腳踏實地地前行，我們就將濾去空想帶來的泡沫，在提升自我的大道上昂然直行。文殊菩薩所講的「前三三，後三三」的開示就是對此最好的闡釋。

有一天，文殊菩薩問杭州的無著文喜禪師：「你最近剛剛從什麼地方離開？」

無著禪師回答：「我剛從南方的杭州回來。」

文殊菩薩問道：「南方的佛法是怎樣住持的？」

無著禪師回答：「末法時期，緊守戒律的和尚很少。」

文殊菩薩問：「大概有多少僧眾呢？」

無著禪師說：「有些地方是三百，有些地方是五百。」

無著禪師馬上又問文殊菩薩：「這裡的佛法又是怎樣住持的？」

文殊菩薩回答：「凡人和聖人混居，龍蛇混雜。」

無著禪師問：「有多少僧眾？」

文殊菩薩回答：「前三三，後三三。」

無著禪師眼中看到的是僧人不受戒律的浮華，慨歎虔誠禮佛者稀少。而文殊菩薩眼中看到的則是凡聖混居、魚龍混雜中謹守戒律、步步踏著的人。文殊菩薩認為雖然眼前的人們從謹守持戒方面參差不齊，但是腳踏實地的人是其中的中堅骨幹。唯有腳踏實地，才能參透佛法的真諦。

千里之行，始於足下。生活只在一呼一吸、一點一滴之間。即使理想已經被細化為非常周密的計畫，若是沒有行動上的落實，也只是水中月，鏡中花。失去根基的空想會帶來意想不到的後遺症。本來渴望實現理想的心會變成一種思之不得反生怨恨的消極情緒。當這種消極情緒發生質變之時就是我們迷失自己之日。

人們時常會為春花秋月吟詩歎惋，哀其短暫，卻不願意為身邊的美駐足。直到如花美眷、似水流年都已不再的時候，我們才會去關注一直陪伴在自己身邊的東西，可惜此時也是它們花謝之日。每一個「現在」都是生命中最重要的時光，都需要用心體會。慧海法師認為，道就在吃飯睡覺之間。要想使自己有所作為，不斷地得到提升，我們就要使自己在前進途中每一步都留下堅實的腳印。

【蓮心慧語】

佛家認為，一個擁有目標的人是踏實而幸福的。擁有目標不僅是指擁有遠大的理想，更是要將遠大的理想在腳踏實地中實行。唯有如此，我們才能獲得理想實現的根基，才能在步步踏著之中不斷提升自己。

堅持的態度就是一種修為

有一次，無著文喜禪師去參訪文殊菩薩。

兩人正在吃茶時，文殊菩薩拿著玻璃杯子說：「南方有這種東西嗎？」

無著禪師說：「沒有。」

文殊菩薩又問：「你們平時用什麼東西吃茶呢？」

無著禪師沒有回答。

單單從「沒有回答」這一點上來看，無著禪師就可以稱得上是一個洞見徹悟的禪僧。因為佛家的最高境界是深悟道理而不著文字。無著禪師七歲出家，跟隨國清禪師聽教，禪誦不輟。成年之後，又飽學多餐，後來在文殊菩薩的接引下豁然開悟。此刻，無著禪師在與文殊菩薩的機鋒切磋中不落下風，就是由於他平時做到了腳踏實地，持之以恆。

古人有云：騏驥一躍，不能十步；駑馬十駕，功在不捨。世間萬物莫不如此。若是不屑於持之以恆地做好身邊的小事，成功就會在同時悄悄地判定我們提前出局。若是能夠一改輕率的態度，種下努力不懈的種子，成功之花就會綻放。

有一天，弟子們向禪師請教：「師父，怎樣做才能成功呢？」

禪師回答：「今天咱們只需要學一件最簡單最容易的事。現在每個人把自己的胳膊儘量往前甩，再儘量向後甩。」說完，禪師示範了一遍，然後吩咐說：「從現在開始，每天要做300次。大家可以做到嗎？」

弟子們頓生疑惑：「師父，我們為什麼要這樣做？它和成功有什麼必然的聯繫嗎？」

禪師微笑著答道：「如果能堅持著做一年，你們就會知道想成功該怎樣做了。」

弟子們暗想：「這有什麼好難的？」

一個月之後，禪師問大家：「我讓你們做的事，誰堅持做了。」大部分人都驕傲地做出了回應。禪師很滿意地點點頭。

兩個月之後，禪師又問大家誰還在堅持，給出肯定答案的人只剩下了一半。

一年之後，禪師第三次問大家誰還在堅持，結果只有一個人驕傲地做出了回應。

此刻，禪師把弟子們招到了自己眼前，對他們說：「你們還記得我的話嗎？做完這件事，你們就可以得知成功的秘訣，現在，我就來向你們揭示謎底。世間最容易的事常常就是最難的事，最難的事常常也是最容易的事。說它容易，是因為它實行起來非常簡單，只要願意，任何人都可以做到；說它難，是因為能夠做到持之以恆的人並不多。」

師父的話在後來得到了證實。在所有的弟子中，只有那個堅持一直做的弟子成功了，他成為了師父的衣缽傳人，而其他的師兄弟卻仍舊默默無聞。

雲門舞集的創辦者林懷民先生曾經講過：「法鼓山不是一年建立起來的。」故事中的禪師要表達的是同樣的意思。世間萬事本來並沒有那麼難，成功也一樣。難的只是不能持之以恆。如果能夠耕耘不息，努力不止，即使是非常簡單的事情也能伴我們走向成功。禪師那個一直堅持的弟子就是最好的榜樣。

人生也有涯，而學海無涯。時間如白駒過隙，一轉眼便千年。當將自己有限的時間傾注於無所謂的嗟歎之上時，我們就失去了進一步認識和提升自己的機會。只有珍視時間，安於走自己的路，耕耘不息，奮鬥不止，我們才能走向成功，迎接嶄新的世界。

【蓮心慧語】

佛家有一則偈子說道：「人有不惜身，智慧心決定；如法行精進，所求事無難。合抱之木，生於毫末；九層之台，起於壘土；千里之行，始於足下。」只有從小事做起，耕耘不息，安住自己的身心，我們才能不斷地精進，不斷地提升自己，安享圓滿的人生。

修一顆不為外界所擾的專注心

生活中，人們總是講究多多益善。時間一長，便逐漸形成了一種追求「全」的風潮。如果一個孩子在彈鋼琴方面頗有造詣，就一定要再送他去學繪畫、書法和圍棋，以便將孩子教導成一個琴棋書畫的全才；如果一個廠家做家電做出了品牌，就一定要再拓展其他小家電方面的業務，以求做成一塊金字招牌；如果……

誠然，這樣的做法會產生通才、金牌企業，但很多時候也會成為毀滅這個頗有天賦的孩子和這家擁有品牌效應的廠家的陷阱。當追求「全」的決策不是出於孩子或是廠家本身的實際時，求全本身就成了一種盲動的欲望。欲望越熾烈，得失心越重，情況就會越失控。我們將在欲望和得失心的驅使下親手毀掉自己的天賦和已有的成就，並會在自己與成功之間建立起一座無形的銅牆鐵壁。失去了專注之心的我們將一無所有。據《碧巖錄》記載，鹽官齊安禪師曾就此進行開示。

有位僧人問大梅法常禪師：「什麼是祖師西來意？」

大梅禪師回答：「西來無意。」

鹽官齊安禪師聽了說：「一口棺材，兩個死人。」

玄沙師備禪師聽了之後說：「鹽官禪師是大機用的宗師。」

在禪宗當中，對於祖師西來意的見解是悟道程度高低的重要標誌。一位僧人向大梅禪師問及此事，大梅禪師卻回答「西來無意」。這樣，無論是提問的人，還是回答的人，都掉進了「無事」的境界中。這是一種假解脫。究其原因，就是沒有對「祖師西來意」這個重要的論題進行進一步專一深入的體悟，只停留在「見山不是山，見水不是水」的境界中。所以，鹽官禪師才評價道「一口棺材，兩個死人」。

佛家認為，要修一顆不為外界所擾的專注心。雜則多，多則憂。當本著求全的思想將大量的資訊和思想聚集到自己頭腦之中時，我們就會發現到處都是一片雜亂無章，做什麼都找不到開始的頭緒。不僅如此，我們心中還會生出這樣一種心念，那就是成功遙遙無期。自古至今，大凡萬古流芳的人都是學有專長、做事專注之人。毫無秩序的資訊與想法的堆積只會讓我們心生雜念，無力開展自己手頭的工作。

專心做事是我們對生活、對人生的一種態度。一個懂得專心做事的人一定是一個熱愛生活、懂得生活真諦的人。因為他明白成功就像在不起眼的角落中靜靜地滴答走動的手錶，當我們漫無目的地尋找時，找到的只會是失望、無奈與憤怒。只有集中精神，篤定去做，才會發現成功的蹤跡。

專注帶來的能量是驚人的。無論是誰，只要能夠在做事時保持專注的態度，就將在最大程度上釋放出自己的能量。這樣，我們就可以專注地面對自己的工作，自己的事業，自己的生活；我們就可以生出無限的激情，就將在不斷的努力中提升自己。

【蓮心慧語】

宋代的慧遠大師曾經寫下了一首禪詩：「月白風清涼夜何，靜中思動意差訛。雲山巢頂蘆穿膝，鐵杵成針石上磨。」專注於目標，專注於做事，我們就可以心無雜念，順利地展開手中的工作，在提升自己的大道上一路前行。

每一種創傷都是一種成熟

道遠法師說：「不拒絕生命的雕琢，才能有所作為。」如果不能抵禦人生之路上的苦難，我們就將如朝露一樣慢慢枯萎，度過自己庸庸碌碌的一生。若是能在生命的磨難中安然度過，我們就將變成一塊光輝四射的美玉，實現自己的夢想。

鑒真大師年輕時曾經歷過這樣一件事。

當時，鑒真大師已經剃度一年有餘，可是寺中住持還是讓他做行腳僧。行腳僧是眾僧中最辛苦的，每天都要辛苦地外出化緣，風裡來雨裡去。年輕的鑒真感到很不耐煩，所以有一天，已經日上三竿了，鑒真還是高臥不起。

住持見狀，就到鑒真所住的禪房中一查究竟。住持問：「你為什麼不去化緣，而把這些破了的鞋子放在床邊。」

鑒真很不情願地回答：「其他人一年也穿不壞一雙鞋，我卻一年多就穿壞了那麼多。」

住持聽出鑒真所言似有所指，就帶他到了寺廟門前。昨夜，剛好下了一場雨。門前的道路很泥濘。住持問鑒真：「你是滿足於做每天暮鼓晨鐘的平常僧人，還是想成為一代名僧？」

鑒真回答：「我當然想成為一代名僧了。」

住持接著問：「你昨天是否在眼前的這條路上走過？」

鑒真點點頭。

住持又問：「你可以找到自己的腳印嗎？」

鑒真不解地問：「昨天路面是乾的，怎麼能留下我的腳印呢？」

住持沒再發問，而是轉身走進眼前的泥濘當中。走了十幾步之後，住持停下來問鑒真：「現在你可以在路上找到我的腳印嗎？」

鑒真回答：「當然了。」

住持聽後，拍著鑒真的肩膀說：「泥濘的路上才能留下腳印。世間眾生皆是如此呀。如果沒有經歷風雨、一生碌碌無為的人，就像踩在了又乾又硬的路面上，是不會留下任何痕跡的。」

鑒真聽後恍然大悟。

住持大師用簡單的「泥濘留痕」來開示年輕的鑒真，告誡他：只有走進人間萬象，經歷風風雨雨，才能成為一個有道的高僧。在佛家看來，磨難是走向至高境界的必經之路。只有在人生風雨的洗禮中安然度過的人才有資格成為擁有金剛不壞之身。這樣的人同樣會成為生活中的強者。

眾生在命運面前都是平等的。他們同樣享受命運帶來的機遇和挑戰。而生活中的苦難就是機遇和挑戰的化身。當痛苦與消極成為生活的主旋律時，苦難就變成了人生之旅的嚴重挑戰。在挑戰中敗北的人們將身陷妄念與痛苦交織的深淵，迎接一波又一波的噩夢。當我們化悲痛為力量，擦乾眼淚勇往直前時，苦難就變成了人生之旅的重要機遇。獲得機遇的我們將迎來綻開勝利之花的春天。古時的跋陀婆羅菩薩就是因為深解其中真諦而豁然開悟。

古時候有十六位菩薩，在僧眾們沐浴的時候也隨隊入浴，其中的跋陀婆羅菩薩，突然間頓悟「水因」。你們諸位參禪的人要如何領會呢？跋陀婆羅菩薩說：「妙處宣明，徹見法源，證無生法忍，成佛子住。」這必須要有七穿八穴的手段才可以瞭解。

跋陀婆羅菩薩運用了七穿八穴的手段才徹見法源。所謂運用七穿八穴的手段就是經受多次雕琢之意。《詩經》中說：「如切如磋，如琢如磨。」切磋琢磨都是古時做玉石的方法。人生要像雕刻一樣，用後天的努力不斷雕琢完善自己。

唯有在歷盡世間風雨，跨越無數的泥濘、苦難與坎坷之後，我們的心性才會褪去粗糙的外表，人生境界也將達到一個嶄新的高度。

【蓮心慧語】

佛家認為，每一種創傷都是一種成熟。走過世間的無數風雨，經過了眾多磨難之後，我們就會在精雕細琢的過程中破繭成蝶。我們的心性將變得澄明細膩，我們將因境界的提升而安享圓滿的人生。

將所學轉變成修行

春種一粒粟，秋收萬顆子。成長中的種子既離不開陽光雨露的滋潤，又離不開人們澆水、施肥的照料。「知」就如天然的陽光雨露，「行」就如人們的辛勤勞作，唯有知行合一，植物才能從種子長成，開花結果。

我們在人生中的穿行一如種子的成長。沒有了「知」的輔助，便失去了前進的方向；沒有了「行」的滋養，便失去了立足的根基。唯有做到知行合一，將所學轉化成修行的力量，我們才能在命運的星空下展翅飛翔。保福從展禪師對此深有體悟。

有一天，長慶慧稜禪師在平常的談話中說：「我寧可說一個已經破除了一切煩惱賊的阿羅漢還具有貪嗔癡三毒，也絕對不說如來的說法是二種語。不說如來無語，只是不說二種語。」

保福從展禪師說：「什麼是如來語呢？」

長慶慧稜禪師說：「像聾子一樣的人怎麼能聽得懂呢？」

保福從展禪師說：「既然如此，那就讓我們從第二義門來說吧。」

長慶慧稜禪師說：「什麼是如來語呢？」

保福從展禪師說：「吃茶去。」

佛家講究「直指人心，見性成佛」，萬法歸於「一」，所以長慶禪師才表示絕對不說「二種語」。又因佛家的最高境界是以心觀心，不著文字，保福禪師便建議由第二義門來解說。所謂「第二義門」就是指俗諦，就是用世俗的東西來描繪如來語。保福禪師口中的「吃茶去」就是將道理和世俗行動結合起來最完美的範例。

聖嚴法師認為，讀經是一件自利利人的好事，既能陶冶自己的性情，還能提高他人的覺悟。法師所言不虛，書中不僅提供了豐富的各類常識和日常事務的解決方案，還能帶給自己和他人警醒。只是有一點不容忽視，那就是嘗試並不能與智慧劃上等號。

書本知識的學習可以為我們帶來視野開闊的契機，不過若想真正地覺悟精進，一飛衝天，我們就要將自己所學轉化成行動的力量。唯有如此，習得的知識方不是虛無飄渺的空中樓閣，我們也才不會像無頭蒼蠅一樣到處亂撞。在這一點上容不得半點馬虎。

人生在世，智力上可能會有高下之別，但是智力的高下卻與智慧和境界無關。有人天生異稟，但是卻會因為自視甚高不思進取，最終江郎才盡只餘下夸夸其談的遺憾；有人無先天優勢，只憑一顆積極上進的心和後天的勤奮，潛心學習，努力衝破一切障礙，做到知行合一，終會有所得。

佛家認為，一切眾生皆有如來像。擁有至高境界的人並非天生如此，也必然經過後天勤奮艱辛的努力。因此，我們無須先在心中為自己設置無數人為的障礙，只需遵循知行合一的道理，努力將自己所學轉化為行動的力量。這樣，我們便能在不斷的消化吸收中日日精進。

【蓮心慧語】

湛弘法師說：「我們奮鬥，努力求上進的目的，就是展現出自己的色彩，只要精彩，哪怕是短暫的一瞬，也是值得的。」就是一滴水也要有自己的深度。所以，心中無礙，將所學盡數消化吸收用以指導自我的行動才是我們最佳的選擇。這樣，我們才能不斷提升自我，向成功不斷邁進。

第十三章 入世心耕耘，出世心收穫——佛說隨緣

【頌】孤危不立道方高，入海還須釣巨鼇；堪笑同時灌溪老，解雲劈箭亦徒勞。

【評】人們常常會對得失、成敗、禍福念念不忘，總是無法解開身心的束縛。唯有保有一顆平常心，接受不完美的自己，我們才能學會惜福，珍惜身邊的每一個善緣，才能與歡喜相伴。

佛說：「前世的五百次回眸才換得今生的擦肩而過。」因緣便是牽起世間萬物手臂的條條紅線。種下什麼樣的因，就會收穫什麼樣的果。若是遲遲不能放下不著邊際的妄念和過度膨脹的欲望，我們就將跌進一個無力擺脫的深淵。只有保持一顆平常心，珍惜身邊的每一個善緣，我們才能跨過自己心中的門檻，與快樂相伴。

自在隨緣，身心無縛

幾乎每個人都在心中有過一個可以過上無憂無慮生活的嚮往，並為了儘快實現這一心願而全力地尋找適合自己努力的範式。不過，尋找的結果卻是大為不同。有人從此踏上了陽光燦爛的旅程，有人卻仍舊飽受痛苦、挫折與失敗的折磨。好在天無絕人之路。佛曾經給世人指明了千萬條路，每個人總可以選擇一條令自己暢行無阻的大道。

當放下身心的束縛，善待身邊的因緣時，我們就可以找到擺脫痛苦、挫折與失敗的路徑，就可以向著自由自在、無憂無慮的新生活大步邁進。雲門禪師對此有著獨到的見解。

曾經有一位僧人向雲門禪師請教：「佛法就像倒映在水中的月亮，是這樣嗎？」

雲門禪師回答：「清波無透路。」

僧人又問：「和尚是從什麼地方獲得禪意的呢？」

雲門禪師反問道：「你又是從什麼地方得到禪意的？」

僧人繼續問：「如果就像現在這樣一路向上怎麼樣？」

雲門禪師回答：「重疊關山路。」

在這則公案中，僧人所提問題個個都涉及到核心法理，雲門禪師的回答卻非常活潑，充滿了自然意境之美。從表面上看，這是雙方境界上的差距；但若從深層根源上來說，卻是對待身心束縛態度上的差距。提問的僧人雖然對佛法已經有所體悟，但還是不能完全放開懷抱，只是在佛家經典提及的事境上打轉。雲門禪師卻能敞開懷抱，將自己的體悟與自然完全融為一體。

敞開胸懷，放下得失，身心無縛同樣是我們需要的狀態。如此，我們便可以掃除阻攔自己的障礙，在實現夢想的道路上大步前行；便可以丟下心上沉甸甸的包袱，在生活面前展開如花的笑靨；便可以把握住身邊的各種因緣，使自己身心富足。

佛家認為真正的貧窮是無路可走。當我們把自己的身心深深束縛起來，不肯放鬆，也不敢走向外面的世界之時，真正的貧窮就降臨了。此刻，無論佛祖曾經為我們指明多少條路，都無濟於事，因為正是我們自己斬斷了那絲走向新生的希望。此刻，無論曾經有多少期望，都會一絲不剩地轉化為痛苦，因為我們已經用自己的過度依戀和種種不捨將那些期望轉變成了無法填滿的欲望。

每個人都想過自由自在的生活，每個人都想做人生的強者。可是，這些期望和夢想必須建立在現實和身心無礙的基礎之上。這便是生活。當你能夠背負著重擔支持到夜晚的降臨，當你能夠在完成一天的辛苦工作之後還能微笑著看太陽下山，生活的真諦就將展現在你的眼前。

《華嚴經》中有言：「眾生心不同，隨起諸妄想；如是諸佛剎，一切皆如化。」種種對於得失的考慮，種種無法放下，使得我們在心中生出了妄念，使得我們為自己設置了不切實際的終點。當夢想的泡沫散去，我們就失去了最初的歡喜，變成了一個身心俱疲的人。唯有放下得失，捨棄不切實際的期待，順其自然，我們才能身心無礙，擁抱快樂的明天。

【蓮心慧語】

聖嚴法師說：「改過為不造一切惡業，可得離苦的果報；遷善為努力一切善業，可得幸福的果報。」我們若是能夠把握身邊的因緣，順其自然，捨棄種種計較和得失，就能夠身心無礙，與最初的歡喜重逢。

沒有過不去的事，只有過不去的心

有一天，一位雲遊四方的禪師來到了一個位於沙漠中的村落。村中的人已經守著沙漠中這片僅有的綠洲度過了幾千年，卻從來沒有想過要離開這裡。他們一直固執地認為這片沙漠是走不出去的。

所以當他們見到禪師還要繼續前行的時候，就紛紛來勸阻他：「我們祖祖輩輩都沒有人能夠走出去。您還是不要再冒險了。」禪師問：「你們在這裡生活得幸福嗎？」村民們回答：「已經習慣了，沒有幸福，也沒有不幸福。」禪師感到非常奇怪：「你們為什麼從來沒有進行嘗試呢？我不是已經走進來了嗎？既然能走進來，就一定能走出去。」村民們聽後紛紛搖頭。於是，禪師拄著拐杖獨自上路了，最終憑著北極星的指引走出了沙漠。

村中環境惡劣、生活不易是實情，但若是不曾嘗試就固執地認為現在的生活方式就是命運的安排也是十分不妥的。禪師已經用自己的實際行動證明了沙漠是可以進出的，所以是村民們對於隨緣的狹隘理解使得自己數千年來都不曾主動去改變過自己的命運。

在每個人的一生當中，有兩件事對他們會產生最為重要的影響：其中一件是等待，另一件則是希望。穿行於生活中的我們不難發現，那些始終懷有希望和理想的人，最終多會夢想成真；而那些以隨緣之名不思進取的人卻往往一事無成。智商並非是決定人們成敗的唯一因素。有時，思考與行動之間的距離可能會改變人們的一生。雲門禪師就是深諳其中真諦才對弟子們做出如下開示。

雲門禪師說：「你們這些整天忙著到處參訪的人啊！別總是在各州各縣周圍晃來晃去了。你們只是在拿著一些閒言雜語在向各位高僧談禪問道，向上如何，向下怎麼樣，然後把這些話記在本子上，再用頭腦記住。有時候，你們又三個一群，五個一夥，一起討論這個是上才語句，那個是就身處打出語，實際上你們根本就沒有體悟到其中的真意。你們只是吃了飯就說夢話，並且時常宣稱我懂得佛法了呀。可是你們曉得嗎，這樣的參訪就是參到驢年馬月也不會有效果。」

到處參訪、滿足於記錄一些開示是一些行走在悟道途中禪者的通病。他們看到的、聽到的、想到的只停留在悟道最表層的載體——語言之上。正是對於這些語言隨波逐流式的囫圇吞棗，他們才遲遲沒有悟道。實際上，他們的行動與思想並沒有停留在同一條軌道之上。他們並沒有為自己的悟道而進行積極的爭取。

人們常說：「命裡有時終須有，命裡無時莫強求。」這也是我們心中通行的隨緣的法則。但是，我們必須明確一點，這樣的法則是建立在竭盡全力的努力和爭取的基礎上的。若是事到臨頭的時候總是導向「莫強求」的消極放棄，或是「不鬆手」的執著頑固，我們就會掉進癡嗔的陷阱，在痛苦與絕望中無力地掙扎。

世間萬物都是由無數因緣聚合而成。我們既要有積極爭取的勇氣，又要有懂得何時捨棄的智慧。這樣才能做到真正的隨緣。也只有如此，我們才能以一顆澄明的心從容面對一切，才能向理想實現的大道上邁進。

【蓮心慧語】

佛家認為世界上根本沒有過不去的事，只有過不去的心。勇敢地跨過「莫強求」的消極放棄和「不鬆手」的執著頑固之後，我們才能真正地做到隨緣，才能開闢一片屬於自己的嶄新天地。

洗碗掃地也是修行

佛祖常說：世間最珍貴的不是「得不到」和「已失去」，而是現在能把握的幸福。只可惜生活中的人們卻很少能夠做到知足常樂。得不到的東西常會令他們心生遺憾，失去的東西又會將他們帶入痛苦的陰霾。面對如此紛紛擾擾的情態，我們根本無法保持澄明的心境，更無法以淡定的姿態面對人生。

於是，我們開始懷念自己的童年，以為只有時光停留在那個時刻，才能找回闊別已久的快樂。其實不然。只要能夠保有一顆平常心，在得失、福禍、成敗面前寵辱不驚，我們就可以順利地釋然，與快樂重逢。佛學大家趙州禪師就曾以塵埃為喻進行開示。

有一天，趙州禪師正在掃地。旁邊有一位僧人向他請教：「和尚是一位悟道高僧，為什麼地上還會有塵埃呢？」

趙州禪師回答：「那是外來的。」

僧人又問：「我們清淨修行的寺院為什麼會有塵埃呢？」

趙州禪師回答：「又有一點了。」

另外，還有一位僧人問趙州禪師：「什麼是道？」

趙州禪師回答：「牆外的。」

僧人說：「我並不是說那牆外的道路。」

趙州禪師回答：「條條大路通長安。」

提問的僧人句句涉及「何處惹塵埃」「道」等高深的佛理，並想藉此來為難趙州禪師。而趙州禪師卻沒有臨頭棒喝，只是以平常心對待，只以平常的方式進行對答。一句「條條大路通長安」便顯示出趙州佛法的高妙之處：求道之門向四方敞開，無論從哪一條路都可以領悟道中真諦。如此透徹的佛理以平常的言語表達出來，真是達到了不立而自立、不高而自高的效果。

人們常說「人心不足蛇吞象」。當欲望衝破了理性的堤岸，我們便會在鋪天蓋地的外物中迷失，找不到最初的那個自己。星雲大師認為迷惑當止於至善。當深陷迷失陷阱的時候，我們應當懂得如何使自己脫險，並向理想的境地進發。能夠保有一顆平常心則是不可或缺的最佳選擇。它將會幫助我們徹底地放鬆，對自我進行準確地分析與定位。如此，我們便不致與好高騖遠的目標時時相隨，便可遠離方向的迷失與碌碌無為。

龍潭崇信禪師是天皇道悟禪師的弟子。在最初跟隨師父的幾年中，龍潭禪師一直在做打柴、做飯、挑水等雜活，沒有從師父口中聽到一句禪理。終於有一天，龍潭禪師忍不住對師父說：「師父！弟子跟隨您出家已經有好多年了，可是一次也沒有聽到過您的開示。求師父大發慈悲，指點弟子幾句修道的禪理吧。」

道悟禪師聽了之後，馬上大叫冤枉：「自從你跟隨我以來，我每天都在傳授你修道的心要呀。」

龍潭禪師感到很詫異，於是說：「師父，弟子實在是愚笨，竟然不知道您傳授給我什麼。」

道悟禪師沒有理會弟子的詫異，只是說：「你吃過早粥了嗎？」

龍潭禪師回答：「吃過了呀。」

師父又問：「洗乾淨鉢盂了嗎？」

龍潭禪師回答：「洗乾淨了。」

師父說：「你去掃地吧。」

龍潭禪師疑惑地問：「難道除了洗碗掃地，師父就沒有其他的禪法教給弟子了嗎？」

師父很嚴厲地說：「除此之外，我真不知道還有什麼禪法！」

龍潭禪師聽了當下豁然開悟。

佛家認為，掃地洗碗也是一種修行。這是龍潭禪師始料未及的。他一直將禪理想得很高深莫測，結果禪理卻是比什麼都簡單，簡單到就藏在日常的自然生活之中。龍潭禪師之所以還沒有開悟，就是因為對禪理過分執著，沒有保持一種平常寧靜的心境。

其實，幸福和快樂也是同樣的簡單。我們只要注意保有一顆平常心，將自我從紛紜世事中解脫出來，就可以獲得釋然的情懷，就可以擁抱幸福和快樂。

【蓮心慧語】

證嚴法師說：「其實，人的本性原是清淨、良善的，只因後天染上各種的習氣，若無法改掉不好的習慣就會造成身心的痛苦。」如果能保有一顆平常心，我們就可以捨棄種種得失的計較，就可以在釋然中獲得歡喜的人生。

接受娑婆世界中不完美的自己

世間萬物都是不完美的，都有著這樣或那樣的缺陷。佛家稱之為「娑婆世界」。在娑婆世界中，無論是做人，還是處世，都會遭遇不少困難，都會在去往圓滿的道路上與陷阱時時相伴。若是對此過分執著，我們就會與真正的圓滿失之交臂。二祖慧可禪師悟道的過程便是這一道理的最佳明證。

有一天，慧可禪師向達摩祖師請教道：「師父，如何才能得到諸佛法印呢？」

達摩祖師回答說：「諸佛法印，不是藉由從別人那裡學習得來的。」

慧可禪師聽後感到非常茫然，就對達摩祖師說：「我的心很不平靜，請師父幫我把心安好了。」

達摩祖師回答說：「你將心拿來，我幫你安上。」

慧可禪師聞言沉吟不語，過了很久之後才對達摩祖師說：「我找不到自己的心了。」

達摩祖師回答說：「我已經把心幫你安上了。」

聞聽此言，慧可禪師突然豁然開悟，心中雀躍。原來，根本就沒有一個實在的心可以用來獲得，也沒有一個實在的「不安」可以用來安住。所謂安與不安，都是妄想。

慧可禪師開悟之後，繼續留在達摩祖師的身邊九年。後來，他繼承了達摩祖師的衣缽，成為了禪宗的二祖。

起初，慧可禪師對圓滿悟道有著非常深的執念。他先是向師父請教如何得到「諸佛法印」，再讓師父幫自己把心安住，結果發現自己深陷於迷茫之中，無法自拔。其實，這一切都是由於慧可禪師無法接受不完美的自己造成的。

每個禪僧都渴望能夠成為悟道高僧。為此，他們總是認為自身不夠完美，總是希望透過參禪來改變自己的現狀。正是出於對完滿的過分執著，慧可禪師開始的時候才會被「安與不安」的問題所困擾。直到接受了不完美的自己，放下了安與不安的問題，慧可禪師才真正悟道成佛。

無法接受不完美的自己的情形也經常出現在生活中。人們常常覺得自己不夠優秀，不夠完美。為什麼別人總是那樣成功，而自己卻總是疲於奔命？為什麼別人總是如魚得水，自己卻總是找不到應有的位置？為什麼迎接別人的都是鮮花和掌聲，而等待自己的永遠是橫眉冷對和無情的批評？如此種種，使得人們如墜五里霧中，百思不得其解。

與此同時，為了擺脫眼前的窘境，人們又拚命地努力來證明自己的價值。遺憾的是，偏偏事與願違，越是努力，自己的生活卻越不見起色；越是努力，遮住自己慧眼的迷霧就越是厚重。人們不禁仰天長歎：「為什麼我們如此努力，卻不能從眼前的困境中解脫？」

其實，世上本無事，庸人自擾之。僧璨禪師認為，捆綁我們的就是我們自己。每個人都有自己獨立發展的人生軌跡。這與外界事物無關，更與他人無關。可是，當憂鬱、得失、成敗、福禍的種子在心中落地發芽時，我們就會失去本來的慧眼，就會失去自己的快樂。唯有順其自然，接受不完美的自己，我們才能擁有自己的獨立人格，贏得完滿的人生。

【蓮心慧語】

證嚴法師說：「一切唯心造。有人用心美化世間，有人卻醜化社會、醜化自己，這都是源自人的心念啊！」我們無法接受不完美的自己也是心念所致。只有心無雜念，順其自然，接受不完美的自己，我們才能與快樂和幸福時時相伴。

學會惜福，珍惜身邊的每一個善緣

佛說：「前世五百次的回眸才換來今生的相識！」在佛家看來，世間的因緣無一不是經歷了長時間的積聚，即使是平常不大注意的細節也不例外。所以，我們要珍惜身邊每一個善緣，如此才能與快樂和幸福時常相伴。雲門禪師便曾經以「倒一說」來為弟子們解說善緣。

有一天，一位僧人問雲門禪師：「禪師，一個人一念未起之前，既不是從眼前開始的起心動念，也不是眼前所看到的事境現象，這該怎樣言說呢？」

雲門禪師回答說：「倒一說。」

「倒一說」是佛家一個重要的佛理，是指釋尊說法四十九年，其實一個字也沒有說。在雲門禪師看來，真正的佛法是「見性成佛，不著文字」的。這便是他對僧人提問的回答。要想達到這種境界是需要因緣不斷地累積的。而提問的僧人雖然已經參到超脫一切形式束縛的虛無境界，但是距離參透真正的佛法境界還需要進一步積累因緣。

俗語說：「十年修得同船渡，百年修得共枕眠。」當我們學會惜福，學會珍惜身邊每一個善緣的時候，生活就將展示出充滿活力的一面。存在即是合理。世間萬物皆有其存在的理由，也都是值得去珍惜的。一個真正懂得珍惜的人，並不會過分地計較是非得失，而是更關心自己珍惜的東西是否物盡其用，自己珍惜的人是否得到了真正的幸福。

有一次，雪峰、岩頭、欽山三位禪師結伴而行，到處參訪。當經過一條河流的時候，三位禪師就開始商量去哪裡化緣。正在這時，從河的上游漂過來一片碧綠新鮮的菜葉。這片小小的菜葉引發了三位禪師的議論。

欽山禪師說：「你們看。上游有菜葉漂過來，那裡一定有人生活。我們一直往上游走，就可以找到化緣的地方了。」

岩頭禪師說：「這樣碧綠鮮嫩的菜葉，竟然讓它隨水漂走，真是令人惋惜呀！」

雪峰禪師說：「如此不知惜福的人，不值得我們費力進行教化。我看我們還是到別的村莊去吧！」正在三位禪師你一言我一語地談論之際，只見一個人急匆匆地從上游跑來，大聲地問他們三位：「師父！你們看到水中漂著一片綠色的菜葉嗎？那是我剛才洗菜時不小心洗掉的。要是讓它就這樣被水沖走了，那真是太可惜了！」

三位禪師聽完之後，哈哈大笑，不約而同地說：「我們就去他家裡講說佛法吧。」

這位來找被水沖走菜葉的人就是一位真正懂得珍惜之人。菜葉雖小，但是此人認為如果就讓菜葉白白地這樣被水沖走，就不能使它充分地發揮自己的效用了。正是對於菜葉是否物盡其用的擔心感動了三位禪師，使得三位禪師下定決心去他家裡弘揚佛法。

佛家常說，一花一世界，一葉一菩提。無數高深的佛理其實都蘊含在簡單的自然事物之中。

只要善於觀察，懂得珍惜，我們就可以知曉其中的真諦。所以，我們要尊重每一朵恣意開放的花朵，尊重每一個自由與獨立的生命。

且行且珍惜。人生本來就是一個不斷前行的過程。在此過程中，任何與我們相遇的人、事、物都是一種需要珍惜的緣分，不要等到失去的時候才後悔莫及。要知道，人生的幸福在很大程度上取決於自己是否懂得去珍惜。一個真正懂得珍惜的人，也許不會是一個物質富有的人，但卻擁有最多的幸福。

【蓮心慧語】

《阿彌陀經》中說：「不可以少福德因緣得生彼國。」世間的一點一滴都是值得我們珍惜的因緣。一個真正懂得珍惜的人總是對自己珍惜的東西是否物盡其用、對自己珍惜的人是否得到真正的幸福更為關心。當我們學會惜福，學會珍惜身邊的每一個善緣，幸福和快樂就會與我們時時相伴。

人生不過是路過

一行禪師說：「一切事物都是以『空』作為它的自性，這就是為什麼一切事物能夠存在的原因。」生命如次第開放的蓮花，只有洞悉其中的奧秘，我們才能在時空的長廊中漫步，不去計較是非得失，只欣賞沿途的風景。雪峰禪師便是深諳其中真諦的人。

岩頭禪師問一位僧人：「你是從什麼地方來的？」

僧人回答：「我是從西京長安來的。」

岩頭禪師說：「自從黃巢得到天賜寶劍之後，還有人得到過它嗎？」

僧人回答：「我得到過。」

岩頭禪師走過去，伸長自己的脖子，口中發出刀子切割的聲音。

僧人說：「師父的頭掉在地上了。」

岩頭禪師哈哈大笑。

後來，這位僧人又去雪峰禪師處參訪。

雪峰義存禪師問他：「你從什麼地方來？」

僧人回答說：「我從岩頭禪師那裡來。」

雪峰禪師問：「岩頭禪師和你講過什麼話？」

僧人就把自己參訪岩頭禪師時發生的那件事告訴雪峰禪師。

雪峰禪師聽了之後，就把僧人打了三十棒，趕出了山門。

起初，僧人先去參訪岩頭禪師，與禪師有一段關於「天賜寶劍」機鋒的切磋。在切磋的最後，岩頭禪師發出了哈哈大笑，僧人卻不解其意。接著，僧人又去參訪雪峰禪師。結果，雪峰禪師打了僧人三十棒。僧人更是丈二金剛摸不著頭腦。其實，無論是岩頭禪師還是雪峰禪師，目的都是想要參訪的僧人能夠順利地參透自己行為背後的奧秘，從而成功悟道。可惜的是僧人並未理解兩位禪師的深意。

時間總是公平地對待每一個瞬間，但是人生之路卻不能停滯不前。唯有不停地向前走，衝破重重阻礙，我們才能順利地到達人生的終點站。生命有許多不可承受之輕。當無法洞悉生命背後的機關時，我們就會在不斷變化的過程中失去前進的航向，就會在錯失機會的長歎中結束自己的一生。若是能夠參透生命中蘊含的秘密，我們就會在前進途中一路暢行。

古人說：「非淡泊無以明志，非寧靜無以致遠。」生命的活力源自一顆淡泊而寧靜的心。當我們不再為外物所累時，眼前便出現了一個嶄新的世界。

這個世界中有無數令人新奇不已的東西。不過，若是仔細端詳，我們便不難發現那些新奇的東西似曾相識。實際上，它們就是平常所見的東西，只不過換了一種形式之後再次出現。佛家講求的權宜方便就是這個道理。

人生不過是路過。這便是隱藏在生命背後的機關。若能領悟到這一點，我們便可以享受生命的超然。

曾有一位旅行者去拜訪一位禪學大師。進到大師的房間中一看，旅行者驚訝地發現，這只是一個放滿了書的簡單房間。沒有任何大型的陳設，一張桌子和一把椅子是唯一的家具。

「大師，你的家具在哪裡呀？」旅行者納悶地問道。

「那你的呢？」大師並沒有急於回答，反而向旅行者提問。

「我的？我只是路過此地的客人呀，哪裡用得著什麼家具呢？」

「我也是一樣呀！」大師輕輕地說道。

在大師看來，每個人都是旅行者。無論多麼華美的家具，於旅行者而言，都只是無端地牽累而已。不如放下這些心中的負累，享受人生旅途中的每一處風景。

【蓮心慧語】

每個人都有自己的人生，不必循規蹈矩才能一路直行。如果總是對生命的終點站固守執著，我們可能會錯過無數快樂的風景。每一處風景都是一處緣分，每一絲新奇都是一段人生。人生不過是路過。所以，不必對過去的恩怨、得失耿耿於懷，只須享受生命的此時此刻。唯有如此，我們才能保持心境的平和，才不會與快樂的生活擦肩而過。

證嚴法師說：「大自然中日升日落，有一定的運行，人應該依循自然，日出而作，日落而息，該休息時就好好地休息，清醒時則盡情發揮良能，這才是精進的人生。」因此，我們無須刻意地去安排自己的人生，只須順其自然。唯有如此，我們才能心境澄明，才能安享快樂的生活。

第十四章　常懷一顆歡喜之心——佛說樂生

【頌】似海之深，如山之固。蚊虻弄空裡猛風，螻蟻撼於鐵柱。揀兮擇兮，當軒布鼓。

【評】每個人都有自己的路。盲目地揀擇並不能為自己帶來身心的安頓和富足。唯有守住自己的本分，打破見解上的黑漆桶，我們才能擁有歡喜之心，才能擁有圓滿的人生，任性而活。

人生本就是一場艱辛的旅程。前行的路徑上充滿了未知的困難和危險。恐懼在不自信中逐漸滋生，歡喜和快樂從此漸行漸遠。它們是如此真實，又是如此令人痛苦叢生。然而，帶來這一切的正是我們自己。若要從這無形的牢籠中走出，與歡喜重逢，我們就需要守住自己的本分，雙腳踏在現實的大地上。

成為人生旅途中最執著的旅行者

雲岩禪師曾經在百丈禪師身邊做了二十年的侍者，後來又和道吾宗智禪師一起去參訪藥山惟儼禪師。

藥山禪師問雲岩禪師：「你在百丈禪師門下為的是什麼？」

雲岩禪師回答：「為的是透脫生死的大事。」

藥山禪師問：「你達到這種境界了嗎？」

雲岩禪師回答：「並沒有什麼生死呀。」

藥山禪師說：「你白白在百丈禪師身邊待了二十年啊，怎麼連習氣都沒有去除呢？」

於是，雲岩禪師就向藥山禪師告別，又去參訪南泉禪師，最後回到藥山之時才契悟真諦。

透脫生死、成功悟道是雲岩禪師畢生追求的理想。雖然為此在百丈禪師門下待了二十年，又去參訪悟道的高僧，經歷了無數的曲折，但是雲岩禪師從來沒有放棄過。他一直在堅定地走著自己心目中的人生之路。

參禪如此，生活也如此。幾乎每個人都熱切地期盼著自己的成功，期盼著自己能夠夢想成真。在很多人的觀念中，只要理想能夠實現，快樂和幸福就會從此常伴身側。遺憾的是現實情況卻不容樂觀。我們會在不經意間發現自己其實早已偏離了預期的軌跡，最初的夢想也在逐漸遠離。當事情的真相如此突兀地出現時，帶來的不只是震驚與不知所措，還有深深的迷茫和從四面八方湧來的無數摻雜了痛苦、煩惱與焦慮的負面情緒。

佛家認為，要成為人生旅途上最執著的旅行者。人生之旅並不平坦，實現理想的旅途就更加崎嶇不平。我們隨時可能與各種困難或是挫折迎頭相遇。而失去了應對困難或挫折的能力就將與前進途中的種種機遇失之交臂，就將在自欺欺人的氛圍與快樂和幸福漸行漸遠。

臉龐因為笑容而美麗，生命因為夢想而精彩。如果說笑容是對他人的佈施，那麼夢想就是對自己的慈悲。要想使這種慈悲成長為人生最美麗的風景，讓歡喜長存我心，我們就需要將夢想建立在堅實的現實基礎之上。

當夢想只是一個模糊的概念時，擁有夢想的人最容易對它產生妄解。因為沒有方向的指引和具體的實施計畫，夢想就是一座虛無飄渺的海市蜃樓。只有當夢想與現實緊緊相擁，充滿陰霾的迷霧才會散去，我們才能回到自己應有的人生軌跡當中。

聖嚴法師言道，沒有天生的佛陀、自然的釋迦。眾生雖然生來平等，但是所處的環境並不相同。有人對於自己的出身耿耿於懷，不肯放下，漸漸沉溺於自艾自憐的痛苦之中。夢想於他們而言，不再是照亮前程的明鏡，而是一道緊緊鎖住自己身心的枷鎖。有人卻不管自己的起點如何，一如既往地以熱情的微笑、踏實的行動來擁抱自己的人生。

每個人都有自己要走的路，不必自卑，也不必刻意地追隨他人的腳步。只要將自己的夢想與現實緊緊相擁，以踏實的行動來打破妄想的枷鎖，我們就能成為人生旅途中最執著的旅行者，就能安享歡喜快樂的生活。

【蓮心慧語】

聖嚴法師說：「大雨天，你說雨總會停的；大風天，你說風總是會轉向的；天黑了，你說明天依然會天亮的！這就是心中有希望，有希望就有平安，就有未來。」所以，我們不應因為自卑就放棄自己的夢想，而要成為人生旅途中最執著的旅行者。這樣，便可以與快樂一路同行。

守住本分，慢慢修行

人們總是渴望能夠沿著一條開滿鮮花的筆直大道走完自己的人生旅程。這是一個非常美好的心願，也存在變成現實的可能，只是通往人生的路徑往往會有許多意外出現。走在路上的我們常常會手忙腳亂，甚至會在傾盡全身之力後仍然感到力不從心。儘管如此，我們還是要堅強地走下去，因為沒有誰可以取代自己。也唯有如此，我們才能安住自己的身心，實現自己的人生抱負。

這便是盤山寶積禪師希望表達的真意。

盤山寶積禪師曾經提出過這樣一個問題：「光照不著地方，地方也根本就不存在。光與地方二者俱忘，那是什麼東西？」

後來，盤山禪師又談及：「若從見聞上來講，既不是見聞，又不能用聲音或形象來使之呈現出來。如果心中能了然無事，那麼區分體和用又有什麼意義呢？」

佛家以悟道為修行的最高境界。在盤山禪師看來，只要能夠做到心中無雜念，擁有澄澈的心性，修行者就可以不用再去做區分體和用的事情，就可以真正地悟道。而做到心中無雜念便是佛家所說的本分事。

在人生旅途中行走也是一種悟道的過程。通往人生旅途的大道上充滿了苦難與挫折。我們若是能做好自己的本分事，就可以不迷失自己前行的方向，就可以衝破一路上的艱難險阻，最終與夢想在現實世界中重逢。

曾經有一個來自塞外的和尚想要到京城去學習佛法。有人告訴他，去往京城的路非常難走，要經過人跡罕至的沙漠、一望無際的草原和波濤滾滾的大河。可是，和尚卻不為所動，他認為到佛法大盛的京城求取佛法，為塞外的人們帶來精湛的佛理是他的本分。為了表示自己的決心，他還念了一首詩：「男兒立志出鄉關，學不成名死不還。埋骨何須桑梓地，人生無處不青山。」三年後，和尚學成歸來，而且帶回了數百部經書。

這位僧人就是做好自己本分事的最佳注腳。他以弘揚佛法、普度眾生為己任，為此不懼途中沙漠、草原和大河的挑戰，毅然求學京城。正是這種以弘揚佛法為本分帶來的堅定的求學之心，使得他在三年之後帶著數百部佛經學成歸來。

追求任何事情的過程都是一個艱辛的歷程。人生本身就是用艱辛二字書寫的。我們會在人生之旅中遭遇各種意外，會常常與痛苦正面交鋒，會一直與消極的自己發生衝突。這一切都將使我們如臨深淵，如履薄冰。稍有不慎，就會跌入痛苦的深淵，住進無形的牢籠，成為心魔的奴隸。所以，做好自己的本分事，在艱難困苦面前處變不驚才是「任庭前花開花落，看天上雲卷雲舒」的有效途徑。

世路難行仍要行。這便是人們眼中無數強者成功的秘密。而成功的人們將自己一路以來超越艱難困苦、戰勝懦弱的這些經歷稱之為完成了自己的本分事。

佛家認為，掃地洗碗也是一種修行。因此，做好自己的本分事並不需要做出什麼意義深遠的大事，只要從自己的本心出發，做好身邊的小事就好。古人說：「積土成山，風雨興焉；積水成淵，蛟龍生焉。」只要做好身邊的小事，我們便守住了自己的本分，我們便可以在經過積累之後完成實現夢想的心願，與快樂同行。

【蓮心慧語】

聖嚴法師教導人們說：「努力修行，慢慢修行，就能有成果。」這也是人生最真實的寫照。

只要做好本分之事，從身邊的小事做起，我們就能逐漸積累起實現夢想的力量和財富，就能獲得圓滿的人生。

心中有佛，便享歡喜人生

聖嚴法師說：「身為修行人，如果遇到心外的、物質上的、環境上的困難，別人也許可以幫上忙。然而，內心的煩惱、生死的煩惱，以及根本的無明，誰能解決？它是怎麼生起的，就得靠你自己去解除。這就像老虎身上的鈴，只有掛鈴的人才解得下來。」生死煩惱是由我們自身生出。若要煩惱不生，看淡生死，還是要從我們自身出發。

佛家認為參禪悟道有三重境界：

第一重境界叫做「見山是山」，也叫做執著的境界。處於此重境界的人們還沒有打破世俗的見解，還在依靠各種感官來判斷各種事物，很容易沉迷於外在的色相。在他們看來，山就是山，水就是水。無論是山還是水都是實實在在存在的。

第二重境界叫做「見山不是山」，也叫做虛無的境界。處於此境界的人們對於事物的真相有了進一步的認識，瞭解到世事無常，明白了「凡有所相，皆是虛妄」，感悟到「若以色見我，以音聲求我，是人性邪道，不能見如來」。此刻，他們眼中的山已經不是山，水也已經不是水了。

第三重境界叫做「見山仍是山」，也叫做淡定的境界或是解脫的境界。處於此重境界的人們已經不必再刻意去逃避外在世界的形相了。此時，他們已經擁有了金剛不動的禪心，已經從容淡定地洞悉了宇宙人生的本來面目。山水在他們看來就是山水，只是不再計較和執著了。

人生也是一種參禪悟道，因此這三重境界也便是人生的三重境界。我們對生死與煩惱無比糾結就是因為自己還在依靠感官在對周圍的事物做出評判。進入「見山不是山」的境界，不再有心性上的分別之後，我們才能將心中的煩惱暫時緩解。只有進入「見山仍是山」的境界之後，我們才能將心中的芥蒂真正放下，以平和淡定的心來觀照世事。雲門文偃禪師便是一位深知其味的佛學大師。

一天，一位僧人問雲門文偃禪師：「禪師，《華嚴經．賢首品》中說以三昧成就一切微塵數的塵塵三昧，這句話該如何理解呀？」

雲門禪師回答：「只要認得飯缽中的飯就是飯缽中的飯，水桶裡的水就是水桶裡的水，就是塵塵三昧。」

雲門文偃禪師所講的「塵塵三昧」就是超脫境界的化身。最高深的境界往往呈現出最簡單的形態，並沒有什麼翻天覆地的改變。飯缽裡的飯還是飯缽裡的飯，水桶裡的水還是水桶裡的水，只是觀照這一切的人的內心發生了很大的變化。

人生在世，總要追求些什麼。這幾乎是每個人心中最簡單也最一致的想法。正是對於追求的過分執著，我們才會為癡嗔所擾，為物象所迷，陷入痛苦的困境，無法解脫。只要心中有佛，果斷捨棄自己不應得的東西，我們才能用平和淡定的心來觀照世事，才能得到真正的解脫，才能享有歡喜的人生。

【蓮心慧語】

星雲大師說：「心中有歡喜的人，到處是賞心悅目的景色；心中有禪定的人，耳聞是八萬四千的詩偈；心中有佛法的人，面對是善人善緣的世界。」若能以禪滌心，放下心中的執著，遠離癡嗔，我們就能擁有寧靜平和的心境，就能安享超脫快樂的人生。

順境中舒展身心，逆境中安頓自己

六祖慧能大師說：「菩提本無樹，明鏡亦非台。本來無一物，何處惹塵埃。」世間萬物本來就是一片虛空，因此我們也就無須擔心自己的身心會像菩提樹和明鏡台一樣被灰塵鋪滿。若能悟及此處，誘惑和煩惱便不會再次出現，胸懷卻會變得像海一樣寬。因為於我們而言，任何事物都可以穿心而過，不留任何痕跡。

人生如潮。隨著潮水的起落，我們時而攀上高峰，時而跌落谷底。如此便是每個人最為真切的人生軌跡。每當它發生變化時，每個人的反應不一：有人只能在順境中翩躚起舞，一旦逆境來臨，就不堪重負，心魔纏身，從此一蹶不振；有人卻能迎著困境奮勇前行，直到重新擁抱勝利。

一帆風順並非是某一個人的專利，任何人都要面對人生的低谷。無論是選擇勇敢地面對危機，化危機為動力；還是選擇落荒而逃，心甘情願地成為困境的俘虜，能夠做出決斷的人只有我們自己。而懂得問題的關鍵所在便是做出決斷的重要前提。趙州禪師便是深諳其中道理的高手。

有一次，一位僧人向趙州禪師請教：「禪師，《信心銘》上說：至道無難，唯嫌揀擇。那麼到底什麼是不揀擇呢？」

趙州禪師回答：「天上天下，唯我獨尊。」

僧人說：「您那樣說還是揀擇呀。」

趙州禪師說：「你這個沒有智慧的傢伙。什麼是揀擇呢？」

從表面上看，趙州禪師和提問的僧人似乎一直圍繞「揀擇」和「不揀擇」的問題在打啞謎。僧人一直沒有找到這個問題的關鍵所在，只是一味糾纏著表面現象。其實，趙州禪師早已將答案告訴他了。所謂「天上天下，唯我獨尊」就是指要想參悟不揀擇的智慧，就要從自身出發，從自己的心性出發。

每個人都是自己最好的知音。只有觀照自己的心性，懂得問題的關鍵所在，我們才能在順境中舒展身心，才能在逆境中安頓自己。這樣，一旦生命中最不堪忍受的低谷來臨，我們就可以知道只要及時地為自己點一盞心燈，暴風驟雨就會過去。這盞燈可能是一盆精美的插花，可能是一處自己之前沒有留意的風景，甚至可能是一頓美食。無論形式如何，能夠避開心魔的攻擊這個關鍵問題就是最大的勝利。

生活一直在不斷前行。無論是是非得失，喜怒哀樂，還是不可預知的未來，都是生活最真實的內容。在懂得觀照自己的內心、尋找問題的關鍵所在之時，事物最真實的本相就會出現在面前，我們也將從對它們美麗外表的沉迷中走出來，大步地向前邁進。

禪宗中有這樣一個故事：

有一天，一個和尚挑著裝有一個精緻香爐的筐子匆匆忙忙地走在路上。他看上去有些心急，以致不小心摔了一跤。筐中的香爐也隨之落地，瞬間就變成了一地碎片。和尚停下來，看了看地上的碎片，沒說什麼只略微停頓就繼續趕路了。

這時，旁邊的一個路人大叫：「和尚，你的香爐碎了。」和尚說：「我知道。」他的語氣是那麼平靜，一點也不著急。路人感到非常奇怪：「那你怎麼還不停下呢？」和尚淡淡一笑，答道：「它已經碎了，我又能有什麼辦法呢？」若要執意找出這個問題的答案，那麼也只有三個字——「沒辦法」。既然無可挽回，不如繼續前行。這便是和尚不肯為香爐停頓的癥結所在，也是整個事件的關鍵所在。和尚正是深諳其中的道理才不肯停下腳步的。

在長長的人生旅途中，每個人都扮演著與挑筐子的和尚類似的角色。所不同的是我們筐中的是自己的感受和閱歷。無論是適逢順境，還是逆境來襲，只要安頓好自己的身心，我們就可以安然地面對喜樂悲戚，享受幸福的生活。

【蓮心慧語】

明代的呆菴普莊禪師曾寫下了這樣的偈語：「人人自己天真佛，晝夜六時常放光。剔起眉毛觀自得，何勞特地禮西方。」我們自己本身就是佛，就是整個世界的重要組成部分。只要觀照自己的內心，抓住事情的關鍵，我們就可以安享幸福的生活。

透脫生死，身心富足

自古以來，生死便被視作每個人一生中的重要大事。很多人在著手規劃自己人生的同時就將它列為需要優先考慮的事情之一。為此，人們會特意安排在35歲之前重點積累物質財富，50歲之前完成人生除死亡之外的所有大事，以便自己有足夠的時間運用前半生積累的各種財富來養護身體，延長生命。

如果上述規劃能夠實行，便會有為數不少的人無憂無慮地度過自己的一生。只可惜事與願違的情況卻常常出現。大部分人並不能順利地完成自己的生死大事，這就使得他們煩惱叢生，憂心忡忡。

其實，人生本來就是一場清虛寂寥的旅程。所謂生死也不過是身外之事。南北朝時的一位禪宗大師曾經留下了這樣的一則悟道偈：「有物先天地，無形本寂寥。能為萬象主，不逐四時凋。」世間萬象的種種變化，生與死只是兩種不同的現象而已。它們雖然與超越一切事物的「道」有著密不可分的關係，卻根本不會對它的本質形成決定性的影響。這就是世間生死的真相。

所以，我們大可不必執著於生死，徒增煩惱。當真正地透脫生死之後，我們反而會感到一身輕鬆，因為我們的身心不再被執著、欲望與煩惱煎熬。據《碧巖錄》記載，漸源仲興禪師對此有著深入的體悟。

有一天，漸源仲興禪師和道吾宗智禪師一起去參加一個人的葬禮。漸源禪師拍著棺材說：「到底該說他生呢，還是說他已經死去了呢？」道吾禪師說：「不要說他生，也不要說他死。」漸源禪師奇怪道：「為什麼不能說呢？」道吾禪師回答：「不說！不說！」

當他們二位結伴返回寺廟的途中，漸源禪師說：「請禪師快點告訴我為什麼，不然我就要打你了。」道吾禪師回答：「你要想打就任由你打，你想讓我講的話我就是不講。」漸源禪師就打了道吾禪師幾下。

後來，道吾禪師圓寂了。漸源禪師去拜訪石霜慶諸禪師，並把上面的事情告訴了他。石霜禪師說：「不要說他生，也不要說他死。」漸源禪師問道：「為什麼不說？」石霜禪師回答：「不說！不說！」漸源禪師聽完之後，馬上有所省悟。

有一天，漸源禪師拿了一把挖土的鐵鍬在法堂上從東走到西，又從西走到東。石霜禪師見到之後，就問他說：「你在幹什麼呢？」

漸源禪師回答：「我在尋找先師的靈骨。」

石霜禪師說：「你怎麼會在這裡尋找先師的靈骨？這裡可是煙波浩渺、巨浪滔天的地方。」

漸源禪師回答：「這樣才好著力。」

太原孚上座禪師說：「先師的靈骨還在呀。」

這就是佛家著名的「先師靈骨猶在」的公案。公案中的主人公漸源禪師並非一開始就領悟了生死的大義所在。儘管道吾禪師透過自己不講生死和感受棒打的方式一再提示，可是當時的漸源禪師並沒有體會到其中的深意。當隨後參訪的石霜禪師也說出了與道吾禪師同樣的話時，漸源禪師突然有了一定的省悟：原來生死大義並不能從字面意思中找到。於是便有了後面在法堂上尋找先師靈骨的行為。此時，道吾禪師的初衷才真正得以實現：生死只不過是一種自然現象，而非生命的本質。

就如同不能僅僅從罌粟花豔麗的外表去判定它的本質一般，我們也不能將生死這種人生表象作為探究生命的終極意義與歸宿的唯一標準。過度執著於生死會令潛藏於生命深處的欲望的種子生根發芽，並開出令人沉迷的罌粟花。而生命的富足正是來自於身體的安頓和心靈的一塵不染。不糾結於生死，不為外物所束縛，合理控制自己的欲望，身心的富足便很容易實現。

【蓮心慧語】

《金剛經》說：「應無所住而生其心。」「無所住」就是心無所牽掛，不執著，讓心自在。人們對於生死的過度執著會使自己的心充滿了雜念和欲望。唯有放下自己對生死的過度執著，驅散心中的雜念和欲望，我們才能安享身心的富足。

懷有一顆歡喜之心

一天，有位客人去拜見一位悟道已久的高僧。

拜見完畢，客人不由心生感歎：「追隨禪師的弟子都是一些魅力四射的人呀。他們不僅學識淵博，還非常有修養。平時，無論是接待前來朝聖的信徒們，還是弘揚佛法，所有接觸過他們的人都會被深深吸引。他們臉上總是洋溢著含蓄、謙和的微笑，讓人感到非常親切。若是遇到了突發情況，他們也總能保持清晰的思路，並迅速及時地採取切實可行的方式進行處理。他們的行動是那樣準確快速，又顯得那樣落落大方。每個人身上都透出了一種柔韌的美，是收放自如的彈力與善解人意的彈性的結合體。所以，與這樣的師兄接觸時間長了，我就會覺得他們很漂亮。」

禪師聽完客人的話之後，只是笑笑，並開示客人說：「長得漂亮不如活得漂亮。」

來拜訪的客人是感由心生，完全從自己與廟中師兄接觸過後的感覺出發。而禪師是從悟道的角度進行思考。雖然角度不同，但是他們卻有著相同的歸宿，那就是雙方都擁有一顆歡喜之心。

星雲大師說：「世界上沒有比歡喜更寶貴的東西，有時我們用再多的金錢、物資送給別人，別人未必歡喜。不如給人一個笑容，給人幾句讚美的話，用歡喜心結緣，不但不需要付出辛苦代價，而且會有很大的收穫。」由此可見，來拜訪的客人用讚美的語言將歡喜帶給了廟中的師兄們，而禪師則是用開示的方式將另一份歡喜放入了客人的懷中。

有了歡喜之心的滋潤，我們便可以度過世間那些令人沮喪、惆悵、痛苦與不堪回首的時刻。歲月總是在不知不覺間悄然流逝，常常是還沒來得及抓住它的尾巴，它卻早已走得很遠。如花美眷終究敵不過似水流年。看著自己鏡中逐漸老去的容顏，感受著周圍變化無常的事件，我們便可知道歲月是怎樣的無情，便可知道歡喜之心是如何的可貴。不過，過重的得失心卻能隨時將歡喜之心帶走。

有一天，喜歡勘驗僧眾的陳操尚書與眾多官員登樓的時候看見迎面走來了幾位僧人。其中有一位官員說：「看樣子那些走過來的就是禪僧吧！」

陳尚書說：「不是。」

官員感到很奇怪，便問道：「你怎麼判斷出來的？」

陳尚書說：「等他們過來的時候，我就會勘驗給你們看。」

於是，就在那幾位僧人走進樓前面之時，陳尚書突然間招呼他們：「上座！」眾位僧人都抬起了頭。

陳尚書對同來的官員說：「這樣，你們會相信了吧。」

一句「上座」就使在場的僧人們顯露了他們的真實想法。「上座」是人們對佛家弟子的尊稱。真正修行的禪僧已經放下了對世俗得失的執著，是不會對這個稱呼有什麼異常反應的，在場的僧人卻是不約而同地抬起了頭。由此可知，他們並非真正的禪僧，對於簡單稱呼的在意已經將他們與歡喜隔得很遠。

同樣的情形也不斷地出現在生活中。當對某些東西過分地牽腸掛肚時，我們就會成為它們的奴隸，就會失去生活的動力，就會失去歡喜之心。人生從來都不是一場天生的苦情戲。所以，我們如果想要安享歡喜的生命之旅，就需要勇敢地拿起生命的剪刀，剪掉那些嫉妒、苦惱、抱怨、浮躁。然後便種上包容、捨得和謙讓的種子，並用愛的力量時時澆灌它們。當充滿愛的寬容、謙和之花綻放時，人生的荒漠便消失了。

【蓮心慧語】

星雲大師認為，最圓滿的人生就是歡喜助人。若要擁有歡喜的人生，我們就需要用生命的剪刀剪掉那些讓自己的人生演變成苦情戲的浮躁、抱怨等消極情緒，並代之以包容、捨得與謙讓。這樣，我們便可以與他人一起共享歡喜。

第十四章
常懷一顆歡喜之心——佛說樂生

典藏中國：

03	資治通鑑的故事--限量精裝版	秦漢唐	定價：249元
04-1	史記的故事	秦漢唐	定價：250元
05	大話孫子兵法--中國第一智慧書	黃樸民	定價：249元
06	速讀二十四史--上下	汪高鑫李傳印	定價：720元
08	速讀資治通鑑	汪高鑫李傳印	定價：380元
09	速讀中國古代文學名著	汪龍麟主編	定價：450元
10	速讀世界文學名著	楊坤　主編	定價：380元
11	易經的人生64個感悟	魯衛賓	定價：280元
12	心經心得	曾琦雲	定價：280元
13	淺讀《金剛經》	夏春芬	定價：210元
14	讀《三國演義》悟人生大智慧	王　峰	定價：240元
15	生命的箴言《菜根譚》	秦漢唐	定價：168元
16	讀孔孟老莊悟人生智慧	張永生	定價：220元
17	厚黑學全集【壹】絕處逢生	李宗吾	定價：300元
18	厚黑學全集【貳】舌燦蓮花	李宗吾	定價：300元
19	論語的人生64個感悟	馮麗莎	定價：280元
20	老子的人生64個感悟	馮麗莎	定價：280元
21	讀墨學法家悟人生智慧	張永生	定價：220元
22	左傳的故事	秦漢唐	定價：240元
23	歷代經典絕句三百首	張曉清 張笑吟	定價：260元
24	商用生活版《現代36計》	耿文國	定價：240元
25	禪話•禪音•禪心禪宗經典智慧故事全集	李偉楠	定價：280元
26	老子看破沒有說破的智慧	麥迪	定價：320元
27	莊子看破沒有說破的智慧	吳金衛	定價：320元
28	菜根譚看破沒有說破的智慧	吳金衛	定價：320元
29	孫子看破沒有說破的智慧	吳金衛	定價：320元
30	小沙彌說解《心經》	禾慧居士	定價：250元
31	每天讀點《道德經》	王福振	定價：320元
32	推背圖和燒餅歌裡的歷史	邢群麟	定價：360元
33	易經：現代生活的智慧	孫三寶	定價：280元
34	《傳習錄》白話本	姜波	定價：330元
35	《史記》故事導讀	姜波	定價：340元
36	《資治通鑑》故事導讀	姜波	定價：300元
37	厚黑學全集【參】厚黑心術	李宗吾	定價：300元
38	《碧巖錄》中的100大智慧	于水音	定價：280元

李宗吾 原著 定價：300元

李宗吾 原著 定價：300元

李宗吾 原著 定價：300元

世間學說，每每誤人，惟有厚黑學絕不會誤人，就是走到了山窮水盡，當乞丐的時候，討口，也比別人多討點飯。厚黑學這種學問，原則上很簡單，運用起來卻很神妙，小用小效，大用大效。知己而又知彼，既知病情，又知藥方。讀過中外古今書籍，而沒有讀過李宗吾「厚黑學」者實人生憾事也！

——林語堂

李宗吾 簡介

李宗吾(1880--1943)，四川富順人，自幼聰明好學，博覽群書。他思想獨立，崇尚自由，富有懷疑和批判精神，敢於質疑和顛覆已有的結論和定見。1912年，他在成都《公論日報》連載《厚黑學》，大膽揭穿中國歷史上英雄豪傑成功的秘密，語言諷刺辛辣，觀點驚世駭俗，讀者譁然，轟動四川乃至全國。1934年，《厚黑學》單行本在四川和北京同時出版，成爲當時的暢銷書。

文經閣
婦女與生活社文化事業有限公司

特約門市

歡迎親自到場訂購

書山有路勤為徑
學海無涯苦作舟

捷運中山站地下街
--全台最長的地下書街

中山地下街簡介
1. 位置：臺北市中山北路2段下方地下街(位於台北捷運中山站2號出口方向)
2. 營業時間：週一至週日11：00~22：00
3. 環境介紹：地下街全長815公尺，地下街總面積約4,446坪。

Eden BOOK STORE 藝殿國際圖書有限公司

暨全省：

金石堂書店、誠品書局、建宏書局、敦煌書局、博客來網路書局均售

書山有路勤為徑
學海無涯苦作舟

國家圖書館出版品預行編目資料

《碧巖錄》中的100大智慧 / 于心音 作 --
一版. -- 臺北市 :廣達文化, 2013.2
面 ; 公分. -- （典藏中國：38）（文經閣）
ISBN 978-957-713-517-9(平裝)
1.禪宗 2.佛教說法 3.佛教修持

226.65 101025428

《碧巖錄》中的100大智慧

作者：圜悟克勤 禪師
編譯者：于心音
叢書別：典藏中國 **38**
文經閣 編輯室 企畫出版
出版者：廣達文化事業有限公司
Quanta Association Cultural Enterprises Co. Ltd
編輯執行總監：秦漢唐

發行所：臺北市信義區中坡南路 287 號 4 樓
電話：27283588 傳真：27264126
E-mail：siraviko@seed.net.tw
本公司經臺北市政府核准登記.登記證爲
局版北市業字第九三二號

印 刷：卡樂印刷排版公司
裝 訂：秉成裝訂有限公司
上 光：全代上光有限公司

代理行銷：創智文化有限公司
23674 新北市土城區忠承路 89 號 6 樓
電話：02-2268-3489 傳真：02-2269-6560

CVS 代理：美璟文化有限公司
電話：02-27239968 傳真：27239668

一版一刷：2013 年 2 月
定 價：280 元

本書如有倒裝、破損情形請於一週內退換
版權所有 翻印必究
Printed in Taiwan

書山有路勤為徑
學海無崖苦作舟

文經闇

書山有路勤為徑

學海無崖苦作舟

文經閣